욕망을 이롭게 쓰는 법

지은이 정명호

대학과 대학원에서 전자공학 및 보건학을 전공하고 이후 대학 의료원의 의공학과에서 근무했다
시절 신비한 체험들이 신과 나의 관계에 대해 의문을 던져주었고, 청소년 시절에는 세 분의 스승을
만나 합기도, 동양사상과 역학, 침구학 등을 공부했다. 이후 여러 수행과 공부를 통해 우리 자신이
빛이고 사랑임을 알았고, 현재 이 순간의 삶이 축복이고 선물임을 깨닫게 되었다. 현재 사단법인
대한명상협회의 이사장을 역임하고 있으며 명상센터 '본명상'을 이끌면서 기업경영 컨설팅, 개인
명상지도, 정규 명상회 운영 및 라이프 코칭, 치유 명상 등 여러 프로그램을 통해 명상 지도자 육성과
생활 명상의 대중화를 목표로 다양한 활동을 하고 있다.

본명상 연락처

02-467-2478

bornmedi@naver.com

욕망을 이롭게 쓰는 법

ⓒ 정명호, 2020

정명호 지은 것을 정신세계사 김우종이 2020년 1월 28일 처음 펴내다.
배민경이 다듬고, 변영옥이 꾸미고, 한서지업사에서 종이를, 영신사에서
인쇄와 제본을, 하지혜가 책의 관리를 맡다. 정신세계사의 등록일자는 1978년
4월 25일(제2018-000095호), 주소는 03965 서울시 마포구 성산로4길 6 2층,
전화는 02-733-3134, 팩스는 02-733-3144, 홈페이지는 www.mindbook.
co.kr, 인터넷 카페는 cafe.naver.com/mindbooky 이다.

2023년 1월 30일 펴낸 책(초판 제3쇄)

ISBN   978-89-357-0434-7 03190

이 도서의 국립중앙도서관 출판시도서목록(CIP)은 서지정보유통지원시스템
홈페이지(http://seoji.nl.go.kr)와 국가자료공동목록시스템(http://www.nl.
go.kr/kolisnet)에서 이용하실 수 있습니다. (CIP제어번호:CIP2019053591)

해보고
싶은 것은
다 해보십시오

욕망을
이롭게
쓰는 법

정명호 지음

정신세계사

차례

　　물리학자들은 137억 년 전 빅뱅으로 인해 우주가 탄생했다고 합니다. 그리고 오랜 시간이 지나 우주의 변두리 태양계에서, 유일하게 의식을 지닌 생명체가 길고 긴 진화의 시간을 거쳐 지금 여기 지구라는 별 위에 머물고 있습니다.

　　인간이라는 의식을 지닌 존재자가 왜 여기 왔을까요? 길고 긴 영겁의 세월 동안 왜 보이지 않는 세계로부터 이곳에 나타났을까요?

　　그렇게 나타난 당신이라는 존재는 100여 년이 안 되는 시간 동안 이 세계에 머물다가 다시 보이지 않는 곳으로 사라집니다. 그중에서도 온전한 한 인간으로 살아가는 시간은 불과 인생의 절반도 되지 않습니다. 몸이 덜 자란 어린 시절과 움직임이 불편해지는 나이 든 시절에는 주변의 도움 없이 혼자서 할 수 있는 것이 별로 없기 때문입니다.

이렇게 보면 명료한 의식을 지니고 자신의 의지로써 뭔가를 선택할 수 있는 시간은 그리 길지 않습니다. 그리고 그 시간조차도 결코 순탄치 않은 삶의 여정이 펼쳐집니다.

그렇다면 의식을 지닌 생명체로서 내가 진정으로 원하는 삶은 어떤 것일까요? 어떤 모습으로 어떻게 살아가야, 이 세계에 머물다가 아쉬움 없이 홀가분하게 떠날 수 있을까요?

저를 찾아오는 분들에게 욕망의 이로움에 대해 말하면 모두들 놀라운 표정을 짓습니다.

"대부분의 명상단체에서는 행복해지기 위해서 욕망을 내려놓으라고 하는데, 욕망의 이로움을 말씀하시니 이해가 되지 않습니다."

우리가 사는 세계는 욕망의 세계입니다. 욕망을 놓으라는 말은 현실을 살아가지 말라는 말과 같습니다. 우주에게 생명을 창조하려는 욕망이 없었다면 인간도 탄생하지 못했을 겁니다. 어떤 생명체도 존재하지 못했을 겁니다. 살아 있는 모든 것은 창조의 욕망에 의해 번식하고, 생존의 욕망에 의해 생명을 유지합니다.

욕망이 없다면 진화도 발전도 없을 것입니다. 단세포 생물에서 인간으로의 진화 과정은 생명을 창조하고 유지하고 성장하려는 원초적인 욕망이 우리 DNA에 각인되어 있었기에 가능했던 일입니다. 그래서 욕망은 우리 존재의 근원적인 힘입니다. 내재된 본질적인 에너지이며, 그 원시적인 힘은 한량없이 크고 무한합니다.

욕망은 삶의 불꽃을 활활 태우는 뜨거운 연료입니다. 거대한 불의 에너지이기에 그 자체로는 좋고 나쁨이 없고, 도덕적인 가치 판단과도 무관합니다.

그래서 그 화염에 휩싸이지 않도록 잘 경계해야 합니다. 욕망의 불을 잘 다루면 삶의 생기와 활력을 주는 원동력이 되지만, 잘못 쓰면 목숨마저도 위태로워질 수 있습니다. 우리의 과제는 이 거대하고 위대한 불의 힘을 노예가 아닌 주인으로서 잘 다루는 것입니다.

지금 책 읽는 것을 멈추고, 몸에서 일어나는 감각과 반응을 따라서 내면으로 들어가보십시오. 그 반응을 해석하려 하지 말고 그저 있는 그대로 충분히 느껴보십시오.

생각과 감정이 그치면 우리는 우리의 존재 그 자체만을 자각하게 됩니다.

마치 종을 치면 허공에서 소리가 나고, 그 소리에 주의를 기울이면 소리가 사라진 후 고요 속에 더 많은 소리들이 뚜렷하게 들리듯이, 내 마음이 고요와 침묵 속에 들면 그 속에서 문득 어떤 발상이나 통찰이 일어납니다.

저 내면 깊은 곳에서 어떤 통찰이 일어날까요?

자신이 지닌 욕망을 이롭게 사용함으로써 나 이외의 생명들을 이롭게 하라는 통찰이 일어납니다. 본연의 나는 다른 생명들이 '또 다른 나'라는 사실을, 그리고 그들과 함께 할 때 비로소 행복과 완성의 길로 나아가게 된다는 사실을 본능적으로 알고 있습니다.

그러니 욕망을 내려놓으라는 것은 어리석은 말입니다. 욕망은 우주를 탄생시킨 힘입니다. 욕망이라는 씨알은 생명의 근원이자 창조의 힘이지요. 이런 근원적인 욕망은 탐욕이 아닙니다.

탐욕은 끝없이 더 많이 가지려고 하는, 즉 99개를 가진 자가 한 개를 더 가져서 100개를 채우고도 만족하지 못하는 '작은 나(ego)'의 욕심입니다. 탐욕에는 '작은 나'의 일시적 만족감을 위한 폭력성과 교만이 숨어 있습니다. 탐욕은 소유도 풍요로움도 아닙니다. 끊임없이 채우려고 하는 집착일 뿐입니다.

우주의 욕망은 생명을 창조하고 진화하면서도 그 자신의 존재는 드러내지 않습니다. 정해진 대로만 따르라고 강요하지도 않습니다. 이처럼 내 본래의 힘인 욕망을 이롭게 씀으로써 나는 이 땅에 머물며 삶의 의미를 발견하게 됩니다.

우리는 이원성의 세계에 살고 있습니다. '보이지 않는 나'(텅 빈 본연의 나)와 '보여지는 몸의 나'의 이원적 존재로서 여기 있습니다. 그래서 모든 이를 이롭게 하려는 순수한 욕망을 가지고 그것을 이루고자 실천할 때, 오히려 나 자신이 충만해지고 우뚝 서게 됩니다. 그때 온 우주가 나와 함께 확장하고 진화하기 때문입니다.

개인적인 욕망을 우주의 욕망, 즉 근원의 의도와 일치시키면 원하고 바라는 것을 이루게 됩니다. 그런 의도를 쥐는 순간, 그 의도와 감응하는 순간, 당신은 이미 창조의 영역으로 들어선 것입니다. 이제 우리가 할 수 있는 것은 열심히 행하고, 일어나는 일들을 온전히 수용하며 기다리는 것뿐입니다.

이렇게 되뇌어보십시오.

"응. 그래. 좋습니다."

"온 생명에 감사합니다."

1
당신을 가장 잘 아는 사람은
당신입니다

한 학생이 찾아왔습니다.

"무엇을 해야 할지 모르겠고, 무엇을 선택해야 잘 사는 것인지 판단이 서지 않습니다. 하루하루가 흘러가는 대로 살아지는 것 같습니다."

저는 이렇게 되묻습니다.

"진정 원하는 것이 무엇입니까? 가슴 뛸 정도로 하고 싶은 일이 무엇입니까? 무엇을 망설이고, 무엇 때문에 주저합니까?"

해보고 싶은 것들은 무엇이든 다 해보십시오. 당신은 한계 없는 존재임을 자각하십시오.

당신 안에 당신을 지켜보는 영원한 자아가 함께합니다.

진정 당신이 바라고 원하는 것이 있다면, 그리고 그것이 우주가 원하는 것이라면, 하늘은 당신을 도울 것입니다. 당신의 욕망이 당신에게 이로우면서 다른 존재들에게도 이롭다면, 그들도 그 이로움을 알게 될 것이고 당신은 그들과 감응하게 될 것입니다.

우리는 이 푸른 별에 100여 년밖에 머물지 못합니다. 무엇이 당신을 망설이게 하고 두렵게 합니까?

지금 당신의 내면을 보십시오. 당신은 우주 속의 작디작은 하나의 세포로 존재합니다. 그러나 당신이 꿈꾸고 이뤄낸 것을 타인에게 전해서 그들이 그들의 꿈을 이루게끔 돕는다면, 당신은 곧 우주가 됩니다.

당신이 원하는 것이 무엇이든, 그 의도가 초롱할 때 분명 당신의 가슴은 뛰고 있을 것입니다. 당신에게 큰 울림이 일어날 것입니다. 그 울림을 다른 이들에게 전하십시오. 다른 이들을 위해 당신의 욕망을 이롭게 쓸 수 있다면, 당신의 존재는 우주적 차원으로 승화될 것입니다.

어떻게 살아가는 것이 현명한 삶일까요? 무엇을 위해 사는 것이 우리가 원하는 삶일까요?

어떤 삶을 살든 우리는 한 생명체로서 욕망을 충족하려 합니다. 식욕, 수면욕, 배설욕, 성욕 등의 원시적인 생존 욕구부터 각자 고유성을 가진 생명체로 존재하려는 마음까지, 그 모두가 욕망입니다.

모든 생명체의 욕망은 궁극적으로 행복을 지향합니다. 행복한 삶 또한 자신의 욕망을 이루는 과정이지요. 우리는 어떤 삶을 살든 욕망의 삶을 살게 됩니다. 그러므로 욕망의 실체를 파악하여 고통스러운 삶과 행복한 삶의 차이를 아는 것이 중요합니다.

여기 네 가지 삶의 방식이 있습니다.

첫 번째는 세상이 원하는 조건과 기준을 충족하고자 끊임없이 노력하는 삶입니다.

세상을 이분법으로 나누어 바라보면서, 다른 이들과 자신을 비교하여 자신이 상대보다 우위에 서 있다는 생각이 들어야 만족합니다. 다른 이들이 자신을 인정해주고 알아줄 때 행복하다고 믿습니다. 나보다 못한 사람을 만나면 우월감과 자만심에, 잘난 사람을 만나면 열등감과 시기심에, 비슷한 사람을 만나면 경쟁심에 빠져듭니다. 내 뜻대로 되지 않으면 자신이나 타인에게 쉽게 화를 냅니다. 관심은 타인에게 향해 있지만 실상은 자기중심적인 사람입니다. 자신을 성찰하고 들여다보지 못하므로 만족감을 외부의 대상에서 찾으려고 합니다. 소유와 소비, 감각적 충족을 행복으로 삼기에 늘 불안정합니다.

두 번째는 이원성 세계의 질서를 거스르지 않는 삶입니다.

사회적 규범 안에서 원만한 관계를 맺고 나의 일과 너의 일, 세상의 일을 구분할 줄 압니다. 각자가 다른 욕망이 있다는 것을 인정하므로 내 것만을 우기지 않고, 서로 배려하고 조정하면서 원하는 바를 이룹니다. 하지만 그 배후에는 손해를 보지 않으려는 세속적 처세술, 새로운 도전을 두려워하고 현실에 순응하는 태도, 도덕과 규범에 얽매여 의무감으로 행하는 자기희생, 혼자만의 즐거움에만 몰입하는 개인주의 등이 작동하고 있습니다. 겉으로는 아무 문제 없어 보이지만, 언제든 그의 내면 또는 외부에서 갈등이 불거질 수 있습니다.

세 번째는 이원성 세계의 욕망을 떠나서 영적 차원의 욕망만을 추구하는 삶입니다.

이 세상 모든 것은 조건과 상황에 따라 변하며 결국 사라질 것임을, 나 자신 또한 실체가 없는 무아적 존재임을 아는 사람들입니다. 이들은 완전한 깨달음이라는 궁극적 목적을 이루기 위해 열심히 수행합니다. 하지만 이 세상 모든 것이 덧없다고 생각하여 허무주의에 빠지거나, 영적 고결함을 욕망의 제거와 동일시하여 생기 없이 자기만의 세계에 갇혀 지내기 쉽습니다. 자신의 해탈을 중시하기에 타인에 대해서는 닫혀 있습니다. 사랑과 자비로부터 멀어져 있기에 차가운 바윗돌이나 메마른 고목같이 느껴집니다.

네 번째는 나 자신을 완성하고자 하는 욕망을 모든 존

재를 위해 밝고 이롭게 사용하는 삶입니다.

이들의 자기인식, 가치관과 세계관은 올바르고 명확합니다. 욕망을 잘 알고 다스려 삶의 동력으로 삼습니다. 이 땅의 모든 것은 실체가 없으므로 끊임없이 변하는 것들을 붙들고 소유하려 들 필요가 없다는 사실을 압니다. 그러나 이와 동시에, 그 실체 없는 것들이 근본적으로 본연의 세계, 하나의 세계로부터 나왔다는 사실도 알므로 이 세상을 완전한 곳으로 봅니다. 따라서 모든 일을 열린 마음으로 받아들입니다. 삶에 등장한 모든 대상도 차별 없이 받아들입니다. 욕망 속에 있으면서도 욕망에 물들지 않고, 온 만물이 본래 하나이므로 타인을 위해 일하는 것이 실상 나를 위해 일하는 것임을 압니다.

다른 이들의 인정을 받기를 원한다면 첫 번째의 삶을 선택하면 됩니다. 현상유지만으로 그럭저럭 만족할 수 있다면 두 번째의 삶을 선택하면 됩니다. 현실을 벗어나 홀로 열반에 들고 싶으면 세 번째의 삶을 선택하면 됩니다. 하지만 진정 의미 있고 차원 높은 삶과 정신세계를 추구하려 한다면 네 번째의 삶을 선택하십시오.

욕망은 몸이 요구하는 감각, 즉 오감을 만족시키는 쾌락을 말하는 것이 아닙니다. 결핍과 불안이 동기가 되어 무언가를 얻고자 하는 마음도 아닙니다. 욕망은 나 자신이 존재하는 데 필요한 힘이고, 성장하고 진화하려는 열망입니다. 다시 말해 내 삶의 가치와 의미를 찾는 데 꼭 필요한 원동력입니다.

욕망은 당신 내면에 숨어 있는 창의성이나 독창성을 드러내줍니다. 그러므로 내 욕망의 대상을 종교나 사회가 정해놓은 틀 안에서 찾아야 할 필요가 없습니다. 다른 이들이 만든 틀에 맞게 살아가는 것은 성공도 행복도 아닙니다. 당신은 당신 자신의 욕망을 이뤄가는 주체가 되어야 합니다.

내가 나아갈 삶의 방향이 무엇인가?
어떻게 살아가야 하는가?
무엇을 위해 살 것인가?
왜 내가 그 길을 가야 하는가?
어떻게 살아야 아쉬움 없이 떠날 수 있는가?
내 삶에서 가장 소중하고 반드시 해야 할 일은 무엇인가?

위 질문들의 답이야말로 삶에서 가장 중요한 것입니다.
당신이 이루고자 하는 바람은 무엇입니까? 그리고 그 바람을 이루려고 하는 이유는 무엇입니까?
자신이 무엇을 소원하고 있는지, 이루고자 하는 바가 무엇인지 분명히 알지 못한다면 그만큼 자신의 삶에 관심이 없다는 뜻입니다. 스스로 진심으로 바라는 것이 무엇인지 알지 못하는데 어떻게 그것을 이룰 수 있겠습니까?

사람마다 행복에 필요한 요소가 각자 다를 수 있습니다. 우리는 모두 다른 성격, 다른 기질을 가지고 태어났습니다. 같은 부모 밑에서 태어난 형제조차 행복의 조건과 삶의 방식이 서로 다릅니다.

예를 들어 A라는 사람은 연봉 높은 대기업에 취직해 능력을 인정받으면서 열심히 일할 때 삶의 만족을 느낍니다. 하지만 그런 삶을 사는 모든 사람이 행복해하지는 않습니다. 어떤 이는 경치 좋은 곳에서 식물을 기르며 자유롭게 살아갈 때 행복을 느낍니다. 또 어떤 이는 다른 사람들을 위해 봉사할 때 그 무엇보다 큰 보람과 행복을 느낍니다.

내가 무엇을 원하는지 분명히 알려면 내가 무엇을 할 때 행복을 느끼는지, 어떤 것에서 특별한 의미를 찾는지부터 알아야 합니다. 어떤 선택이 나에게 진정한 이득이 될 것인지 분별할 수 있어야 합니다. 그렇지 않으면 진심으로 내가 원하는 것과는 다른 방향의 삶을 살아가게 됩니다.

당신 내면에서 들려오는 소리에 귀를 기울이십시오. 가슴에서 울림이 느껴질 때까지 해답을 찾아보고 또 찾아보십시오. 당신을 가장 잘 아는 사람은 당신 자신입니다.

침묵하고 이완하기

몸을 이리저리 움직여 가장 편안하게 앉은 자세를 취하고, 가볍게 눈을 감으십시오.

등받이에 등을 기대도 괜찮습니다. 어떻게든 안정되고 편안한 자세만 취하면 됩니다.

얼굴에서 힘을 빼고, 어깨에서 힘을 빼고, 온몸과 마음의 긴장을 다 풀어버립니다.

몸이 편안해지고 근육이 이완되면 졸음이 오기 쉽습니다. 잠에 빠지지 않도록, 의식만은 명료하게 깨어있도록 주의합니다.

숨은 평상시처럼 편하게 내쉬고 들이쉽니다. 숨을 의식적으로 길게 끌거나 멈출 필요가 없습니다.

숨을 내쉬고 들이쉬면서 주변의 바람 소리, 멀리서 들리는 차 소리, 가까이서 들리는 시계의 초침 소리, 사람들의 말소리 등에 귀를 기울여봅니다.

그 소리들에 반응하여 나타나는 내 몸의 느낌이나 감각이 있다면, 거기에 그대로 머물러 있어봅니다.

혹시 생각에 빠져 소리도 놓치고 느낌도 감각도 놓쳤다면, 그것을 알아차린 순간 그저 '응, 좋아' 하고 되뇌며 다시 내 몸으로 돌아오십시오.

내 몸의 느낌 속에 머무르십시오.

생각들이 하늘의 구름처럼 저절로 일어났다가 사라질 것입니다.

의식으로써 생각들을 지켜보십시오.

생각들이 사라졌으면, 다시 내 몸의 느낌과 감각으로 돌아오십시오.

당신은 그 소리와 느낌과 감각을 지켜보는 주시자이고 관찰자입니다.

자신도 모르게 살짝 잠이 들거나 생각에 깊이 빠졌다면, 가볍게 눈을 뜨고 또 현재로 돌아옵니다.

다시 몸을 이완하고, 내려놓고, 더 깊이 이완합니다.

의식이 몸 안에 잘 머물러 있게 하십시오.

그 상태를 충분히 즐긴 후에 자연스럽게 깨어납니다.

숨을 깊이 내쉬고 들이쉬면서 몸을 좌우로 천천히, 가볍게 움직입니다.

명상이 끝난 후에도 2~3분간은 명상 중의 느낌 속에

머물러 있어봅니다. 그 느낌에 의미를 두거나 해석하

지 말고, 그냥 있는 그대로 함께 머물기만 합니다. (앞으로의 명상 과제들에서도 마찬가지입니다.)

명상을 처음 시작하게 되면 신체의 통증이나 불편함이 나타납니다. 이는 평소 긴장된 생활에서 숨겨져 있던 신경계의 아픔들이 표면으로 드러나는 것입니다. 몸이 스스로 조율해가는 과정이니 피하지 말고 받아들이십시오. 다만 견디기 불편할 만큼 통증이 심해진다면, 애써 참지 말고 잠시 눈을 떠서 가벼운 호흡과 스트레칭을 해도 좋습니다.

명상이란 것에 익숙해질 때까지, 이 책에 나온 명상 지침들을 취향껏 골라 날마다 20~30분씩 실천해보십시오. 생각이 멈추었을 때, 당신 내면에서 흐르는 생명의 에너지가 당신 몸과 정신에 어떤 영향을 주는지 경험하게 될 것입니다.

생각이 가라앉고 멈추면 생명 에너지를 감지할 수 있게 됩니다. 때로는 단 한 번의 깊은 자각을 통해서 당신 삶의 행로가 바뀝니다.

2
보이는 것들은
진짜가 아닙니다

당신은 지금 어떤 세상을 경험하고 있나요?

눈앞에 보이는 집, 나무, 사람들로 이루어진 현실의 세상만 보고 있나요? 그렇다면 당신을 살아 숨 쉬게 하고 움직이게 하는 것은 무엇일까요? 우리는 지금 눈에 보이는 세계뿐만 아니라 눈에 보이지 않는 에너지와 무한한 가능성이 존재하는 세계와 함께하고 있습니다.

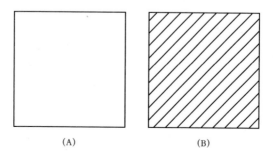

(A)   (B)

두 개의 흰색 스크린이 나란히 붙어 있습니다.

하나의 스크린(A)에는 텅 빈 여백만 있습니다. 다른 스크린(B)에는 어떤 영상이 펼쳐지고 있습니다. 그 영상은 사회적, 문화적, 종교적 관습들의 정보가 투영된 것입니다.

당신이 원하는 새로운 그림을 그리고 싶다면 기존의 영상은 꺼버려야 합니다. 영상이 흘러가고 있는 스크린 위에다 새로운 그림을 덧칠한다면 그 그림이 무엇인지 알 수가 없게 됩니다. 그렇다고 기존의 배경에다 어떻게든 끼워 맞추려고 한다면, 진정 창의적이고 자유로운 그림은 나오지 않을 것입니다.

우리의 의식은 원래 텅 빈 스크린과 같습니다. 하지만 태어나는 순간 DNA에 기록된 정보들이 작동하고 외부로부터 얻은 경험까지 더해져서 더 이상 백지가 아니라 관습, 통념, 교리 등이 잔뜩 채색된 상태가 되어버립니다.

그 채색된 내용들이 우리의 정체성이 되었고, 우리는 그 정체성을 '나'로 알고 살아가고 있습니다. 이 '나'의 정체성을 걷어내면 다시 텅 비어 있는 의식만 남습니다. '나'가 만들어낸 생각이나 감정을 비우고 깨끗한 의식만 남았을 때, 모든 대상을 편견 없이 있는 그대로 볼 수 있습니다.

몸이 평온을 유지하고 있을 때, 당신은 밖의 대상과 교감하며 세상을 있는 그대로 받아들이는 유연한 자세를 가지게 됩니다. 불안과 긴장, 근심은 외부 자극에 대해 무의식적으로 일어나는 몸의 부정적인 반응입니다. 그러한 생각과 감정들은 당신 마음에서 에너지의 저항과 갈등을 일으킵니다. 나 이외의 대상과 관계가 멀어지고 그들을 이해할 수 없게 됩니다.

오래전 개봉했던 영화 〈인터스텔라〉에는 책장 뒤(5차원의 세계)에서 인류를 구할 수 있는 해답에 대한 힌트를 끊임없이 신호로 보내주는 아버지와 그 신호를 알아차리지 못하고 있는 딸의 모습이 나옵니다. 딸은 훗날 어른이 되어서야 비로소 그것을 알아차립니다.

이처럼 텅 빈 의식의 내가 끊임없이 나 자신에게 해답을 주고 있지만, '나'는 생각과 감정에 얽매여서 그 해답을 보지도 듣지도 못하고 있습니다. 마음에서 일어나는 생각과 감정을 내려놓을 때, 비로소 그 텅 빈 의식의 '본연의 나'와 만날 수 있습니다.

현실을 변화시키고 싶다면 우선 텅 빈 본연의 나로 돌아가야 합니다. 당신의 삶을 지배하고 있는 습성과 습관이 무엇인지, 그것이 어떻게 당신의 내면에서 작용하는지 알아야 합니다. 자각하지 않으면 습관, 습성은 항상 다른 모습으로 변해서 당신을 붙들고 놓아주지 않을 것입니다.

예를 들어 당신은 다른 이들이 당신을 이해해주고 공감해주기를 바라고 있습니까? 그들이 공감해주면 그다음은,

또 그다음은 어떻게 합니까? 장난감을 달라고 떼를 쓰는 아이의 모습에서 벗어나야 합니다. 당신의 감정과 상처, 고통은 당신의 것입니다. 당신의 것이기에 누군가 알아주고 보살펴주었다고 해서 풀어지지 않습니다. 당신이 다른 사람의 인생을 대신 살아줄 수 없듯이 다른 이가 당신을 대신할 수 없습니다. 우리는 그 누구에게도 나의 감정을 알아주기를 요구하거나 기대할 권리가 없습니다.

혹시 현재의 안락함에 갇혀 더 나은 세상으로 나가지 못하고 있지는 않습니까?

이미 선택하고 결정한 바에 대해서 계속 후회하고 있습니까?

아니면 아직도 선택을 망설이고 있습니까?

과거의 상처에 갇혀서 현재를 우울하게 만들고 삶의 가치를 잊어버리고 있지는 않습니까?

꿈에서 깨어나십시오. 이 모든 것은 망상입니다. 당신의 삶을 지배하고 있는 이런 '의식의 틀' 자체를 흔들고 깨버려야 합니다. 깨버린다는 것은 나를 없애라는 뜻이 아닙니다. 하나의 개체로서의 나에 만족하는 것이 아니라, 나를 넓혀서 전체가 되어보자는 것입니다.

'작은 나(ego)'는 운명이라는 한계성을 지니고 있고 카르마(업)에서 벗어나지 못하지만, 우리는 이 텅 빈 본연의 나를 통해서 운명이라는 의식의 틀을 벗어날 수 있고 카르마도 지워버릴 수 있습니다.

어린 시절부터 저의 마음속에는 늘 이런 의문들이 강렬하게 자리 잡고 있었습니다.

똑같은 환경, 같은 조건에서 왜 어떤 이는 성공하고, 성공하지 못하는가?

왜 나쁜 짓을 하는 사람들은 잘 살고, 정직하고 착한 사람들은 힘들게 사는가?

태어날 때부터 정해진 운명이라는 것이 정말 있는가?

이 의문들에 대한 답을 구하기 위해 사주학을 공부했습니다. 책마다 가르치는 내용이 다르고 선생님마다 가르침이 달라, 때론 알 듯 모를 듯 답답하고 막막했습니다. 대학에서 근무하는 교직원들과 학생들, 사업가들, 그 외 여러 분야의 사람들을 만나고 접하면서 그분들의 삶을 추적하기도 하였습니다.

오랜 세월 동안 수많은 사람들의 사주와 실제 삶을 보고 나니 운명이라는 것은, 또 삶이라는 것은 결국 모든 대상과의 상호작용임을 깨닫게 되었습니다. 빛이 있어야 그늘이 있습니다. 그늘이 없으면 빛도 없습니다. 내가 태어나지 않았다면 죽는 일도 없습니다. 우리가 죽지 않는다면 새로운 생명이 탄생할 이유도 없습니다. 즉 생사는 하나입니다.

세상 모든 것에는 원인이 있습니다. 원인이 있어야 결과가 있습니다. 콩 심은 데 콩 나고, 팥 심은 데 팥 나옵니다. 아니 땐 굴뚝에 연기가 나오지 않습니다. '인(因)'이 있기에 '연(緣)'이 발생하는 것입니다.

운명이란 내가 가진 어떤 에너지(因)가 나로 하여금 현재 이러한 인생(緣)을 살게 하고 있음을 가리키는 말입니다. 앞의 그림처럼, 텅 빈 스크린(A) 위에 펼쳐진 영상(B)대로 살아가는 것이 운명입니다. 다시 말해 우리는 관습, 문화, 교리 등으로 만들어진 '의식의 틀'을 통해 세상을 보고 경험합니다. 외부에서 자극이 주어질 때 '의식의 틀' 속에서 그 크기만큼 반응하는 삶을 살아갑니다.

운명을 벗어난다는 것은 영상(B)을 걷어내고 텅 빈 스크린(A)으로 돌아가는 것입니다. 이처럼 본연의 나와 만나게 되면 몸속 세포 하나하나까지 평화가 찾아옵니다.

어느 날 두통으로 오랜 세월 고생하던 한 여자분이 저를 찾아오셨습니다.

저와 함께 명상을 통해 자신의 내면을 보는 연습을 하던 그녀는 자신의 두통이 암으로 돌아가신 외할머니, 자살한 외삼촌, 불면증에 시달리는 이모, 신경이 예민한 어머니에게서 비롯된 것임을 알아차렸습니다. 항상 외가댁 때문에 불평불만이었던 그녀는 그 순간 그분들의 고통이 자신과 연결되어 있음을 깊이 느꼈습니다.

당신의 DNA는 우주 탄생 이후부터 지금까지 존재했던 모든 생명체의 정보를 품고 있습니다. 우주가 생겨난 뒤 지구가 탄생했고, 그 지구에서 처음으로 단세포 동물이 나타났습니다. 그 단세포 동물은 진화에 진화를 거듭하다 마침내 인류가 되었습니다.

진화란 한 생명체가 탄생해서 자신보다 더 나은 자식을 탄생시킨 후 죽는 과정의 반복입니다. 여기서 DNA는 조상과 자손을 연결해주는 일종의 메모리 카드입니다. 내가 여기에 존재하고 있는 이유는 선조들이 있었기 때문입니다. 나의 DNA 안에는 우리 몸을 구성하고 생명을 유지하게 하는 모든 방법이 들어 있습니다. 또한 조상들이 이 세상을 살면서 경험한 많은 정보들도 담겨 있습니다. 이들의 경험과 나의 경험들이 함께 내 안에서 공존하며 나를 존재하게 합니다. 당신이 원하든 원하지 않든 당신의 세포 하나하나에는 부모의 아픔, 조부모의 상처, 선조들의 고통에 대한 정보가 새겨져 있습니다.

그녀는 자신의 고통의 원인이 무엇인지 알고 나서, 그것을 어떻게 벗어나야 할지도 알게 되었습니다. 명상을 통해 외가댁에 대한 원망과 불만의 마음을 내려놓았고, 선대가 있었기에 자신이 존재하게 되었음에 감사하는 마음을 갖기로 했습니다. 곧 그녀는 지긋지긋한 두통에서 자유로워졌고 이후로는 순간순간을 감사한 마음으로 살아가고 있습니다.

우리는 누구나 자유롭고 행복하게 살아가고 싶어합니다. 그러려면 나를 가로막는 장애물이 무엇인지, 나를 자유롭게 하지 못하는 것이 무엇인지 알아야 합니다. 단지 그걸 알아차리기만 해도, 대부분의 문제는 저절로 사라집니다.

오래전의 이야기입니다. 저의 선배 중에 나무뿌리라는 별명을 가진 분이 있습니다. 저는 가끔 친구들과 만나면 "나무뿌리 선배는 잘 있어?" 하고 묻곤 합니다.

선배가 그런 별명을 가지게 된 일화가 있습니다. 워낙 산을 좋아했기에 이른 봄날 혼자 설악산으로 야간 산행을 갔다고 합니다. 그런데 헤드 랜턴이 말썽을 일으켰고, 랜턴과 씨름하는 데 정신이 팔려 발을 헛디뎠습니다. 선배는 '아, 여기가 희운각 부근의 낭떠러지구나' 싶어 미끄러지면서도 필사적으로 나무둥치를 잡았습니다. 그리고 아무것도 보이지 않는 칠흑 같은 어둠 속에서, 손으로는 나무둥치를 잡고 발로는 튀어나온 돌에 겨우 의지하면서 새벽이 될 때까지 그 상태로 있었습니다.

새벽이 되자 사람 소리가 나더랍니다. 선배는 호루라기를 불면서 살려달라고 필사적으로 소리쳤습니다. 그때 두 사람이 선배 옆을 지나가면서 이렇게 말했습니다.

"저 사람, 나무뿌리 붙잡고 왜 저래? 참 희한하다."

번뜩 정신이 들어 주위를 보니, 자신이 발치에 땅을 두고도 나무뿌리를 붙잡은 채 밤새 바동거리고 있었답니다. 선배는 그 자리에 털썩 주저앉았고, 살았다 싶은 안도감과 함께 허탈함이 밀려왔다고 합니다.

이처럼 사람들은 혼자만의 생각, 신념, 교리, 착각에 사로잡혀 자신의 본 모습을 잊어버립니다. 선배가 어두워서 자신이 처한 상황을 바로 보지 못했던 것처럼, 우리도 자신의 생각에 빠져 지금 처한 상황을 있는 그대로 보지 못하는 경우가 많습니다. 상황이 힘들고 어렵다고만 생각하면서 괴로워하고, 심지어는 자신에게 기회조차 주지 않은 채 스스로 생을 포기하는 안타까운 일들도 있습니다.

길가에서 나무뿌리를 잡고 혼자 끙끙댔던 선배처럼, 사람들은 단순한 상황을 더 힘들게 만들곤 합니다. 또 선배가 나무뿌리와 돌부리에 의지했던 것처럼 어떤 대상이나 물질에 집착하기도 합니다. 그것이 오히려 자신의 행복을 가로막는 장애물임을 모르고서 말입니다.

자신의 행복을 지키려면 내면을 잘 보아야 합니다. 자신이 오랫동안 쌓아온 습관과 왜곡된 신념을 지키려고 애쓰는 것은 아닌지 늘 살펴야 합니다. 자신의 삶을 지배하고 있는 습성이 무엇인지, 그것이 어떻게 당신의 삶 속에 나타나는지 알아야 합니다. 이를 자각하지 않으면 나무뿌리에 계속 매달린 채로 살아갈 수밖에 없습니다.

모든 일이 내 방식대로 내 뜻대로 되어야 한다는 마음.

다른 이들에게 인정받으려는 마음.

끊임없이 부족함을 느껴 채우려고만 하는 마음.

감각적이고 자극적인 것에 쉽게 끌려가는 마음.

이러한 마음에서 벗어나려면 지금 여기, 있는 그대로의 모든 것이 온전하고 완전하다는 사실을 깨달아야 합니다.

40대 초반의 여성분이 저를 찾아오셨습니다.

부모님이 두 분 다 공직에 계시다 몇 년 전 정년퇴직하셨는데, 퇴직금과 매달 나오는 연금만으로 충분한데도 어머니가 식당에 일하러 나가신다고 합니다. 가족들이 살면서 외식 한 번 해본 적 없고, 내 돈으로 택시 타본 적도 거의 없다고 합니다.

한겨울에도 가스비가 아까워서 집에서 두툼한 옷과 이불로 버틸 뿐 난방을 하지 않고 지냈답니다. 네 식구의 한 달 생활비가 40만 원을 넘어서는 것은 있을 수 없는 일이랍니다. 자식들은 용돈을 받아 써본 적이 없습니다. 자식들이 돈 이야기를 하면 부모님은 우리가 죽으면 그게 다 너희의 것이 된다며 말도 꺼내지 못하게 한답니다.

가족 중 한 사람이 감기에 걸리면 병원도 안 가고 약도

안 먹고 버티는 것이 당연한 일이고, 가족 모두가 감기에 걸려 견딜 수 없게 되어야 가장 심한 사람이 대표로 병원에 가서 5일분의 약을 처방받아 지어와서 나눠 먹는다고 합니다. 부모님이 그렇게 모은 돈으로 시내에 건물 한 채를 살 정도의 재산을 모았다고 하니, 집안의 분위기가 어떠한지 짐작이 되고도 남습니다.

그런데 어느 날, 그녀의 딸이 다니는 학교의 선생님으로부터 전화가 왔습니다. 딸아이가 친구들의 연필이나 볼펜 등 소소한 물건들을 빌려 가서 돌려주지 않는 일이 자주 있다고 합니다. 오늘도 빌려 간 학습도구를 자기 것인 양 사용해서 친구와 다툼이 생겼고, 선생님이 보기에 아이가 자신의 행동이 잘못인 줄을 모르고 있기에 어머님께 전화를 걸었다고 했답니다.

이 이야기에 그녀는 충격을 받았고, 지인의 소개로 저를 찾아오게 되었습니다. 그녀는 자기 가족이 살아온 방식이 과연 상식적인 것인지 이제야 의심이 들고 혼란스럽다고 했습니다. 그녀를 혼란스럽게 한 것은 무엇입니까? 이 가족 전체가 붙잡고 있는 나무뿌리는 무엇입니까?

이 가족이 잡고 있는 나무뿌리는 재물을 얻고자 하는 소유욕입니다. 이것은 아끼고 절약하는 것과는 다릅니다. 재물을 소유할 때 비로소 안전함을 느끼고, 재물이 나가면 두렵고 불안합니다. 두렵고 불안하니 돈을 쓰지 못하고,

안전해지기 위해 늘 재물에 집착합니다. 심지어 재물을 자기 자신과 동일시하는 데서 한발 더 나아가서 자기 몸이나 자식보다도 중요시하고 있습니다.

이런 부모의 습성이 딸에게 이어졌고, 또 손녀에게까지 전달되었습니다. 다행히도 그녀는 딸아이의 선생님을 통해 자신의 삶을 돌아볼 수 있는 기회를 얻었습니다.

우리가 사는 세상에 완벽한 안전함은 없습니다. 세상은 끊임없이 나에게 도전해오고 자극을 줍니다. 외부의 무언가를 가지면 안전해질 것이라는 생각은 착각입니다. 안전함과 평화는 외부에서 오는 것이 아닙니다. 그것은 잡았다고 하는 순간 파랑새처럼 사라집니다.

이 분은 명상을 통해서 재물이라는 나무뿌리에 집착할수록 결핍의 마음은 더 커지고 사라지지 않는다는 사실을 알게 되었습니다. 지금 가지고 있는 것을 누리고 이롭게 쓸 때, 풍요는 더 크게 드러날 것이고 두려움과 불안은 자유로움으로 전환될 것입니다.

그러기 위해서는 자신의 깊은 내면을 의식의 빛으로 비추고, 낡은 의식의 틀로부터 벗어나야 합니다. 안전함도, 두려움도, 결핍도, 풍요로움도 밖에서 일어나는 것이 아닙니다. 내 안에서 먼저 투사되어 밖으로 드러나는 것입니다.

텅 비우기

하던 일을 멈추고 그 자리에서 눈을 감아보십시오.

내면에 수많은 생각들이 구름처럼 일어났다가 사라집니다.

숨을 내쉬고, 깊이 들이쉬고, 다시 내쉽니다.

숨을 들이쉴 때 지금의 내 몸을 지켜보십시오.

숨이 나갈 때 생각, 감정, 느낌을 '응, 좋아' 하고 비우며 내려놓습니다.

비우고 내려놓음으로써 낡은 의식의 틀을 벗어나게 됩니다.

당신의 DNA 속에 저장된 정보들과 외부로부터 입력된 정보들의 조합되어 만들어진 '나'라는 갑옷을 벗어버리게 됩니다.

USB에 가득 찬 정보들을 지우고 새롭게 포맷시키는 것과 같습니다.

우리는 태어난 후 누군가가 만들어준 이름을 갖게 됩니다.

그 순간 우리의 삶은 가상의 '나'가 만들어내는 이야기 속에 빠지게 됩니다.

그리고 그 가상현실 속에서 울고 웃고, 그게 마치 사실인 것처럼 살아갑니다.

숨을 내쉬고, 깊이 들이쉬고, 다시 내쉽니다.

만들어진 이름, 붙여진 이름을 다 떼어버리고 비워버리십시오.

남자, 여자라는 구별도 떼어버리고 비워버리십시오.

'나는 이러저러한 사람이야'라는 생각들도 떼어버리고 비워버리십시오.

무엇이 되어야겠다는 생각도 놓아버리고 비워버리십시오.

그저 자기 자신에게 이것만 물어보십시오.

'나는 누구인가?'

'무엇이 나인가?'

바람이 일어나면 구름에 가려져 있던 푸른 하늘이 드러납니다.

그와 마찬가지로 생각, 감정, 느낌 등 만들어진 의식의 틀을 비워버리면 나만의 것이, 당신만의 것이 드러납니다.

이름 붙여지기 이전의 본래의 것이 나오게 됩니다.

너와 나를 분별하기 이전의 존재로 돌아옵니다.

그것이 언어 이전의 자유롭고 창조적인 나입니다.

텅 빈 본연의 나입니다.

3
안을 향할 때
충만해집니다

　지난날 우리를 공포에 떨게 했던 암은 이제 조기에 발견하면 완치가 가능한 질병이 되어가고 있습니다. 그럼에도 그게 나의 일이 되면 두려움에 빠져 현실을 온전히 인정하고 받아들이기가 힘듭니다.

　지인을 따라 가끔 저를 방문하던 분이 있었는데, 어느 날은 암 진단을 받았다며 왜 자신에게 이런 일이 생겼는지 억울하다고 울부짖었습니다. 도저히 진정이 될 것 같지 않던 그는 잠시 명상을 하고 나서야 이성을 찾았습니다. 그리고 병원 의료진의 처방대로 수술을 받기로 결정했습니다. 수술을 받은 후에는 항암치료와 함께 저와 꾸준히 명상을 하기로 다짐했습니다.

　항암치료에는 견디기 힘든 고통이 따릅니다. 더군다나

그는 병원에 갈 때마다 지방에서 서울로 와야 했으니 고충이 더 컸을 겁니다. 그럼에도 열심히 병원을 오가던 어느 날, 며칠간 고열에 시달린 탓에 몸의 상태가 무척 좋지 않았습니다. 도저히 항암치료를 받을 수가 없어 날짜를 연기해야 하는 복잡한 상황이 벌어지게 된 것입니다.

저는 그가 원래 일정대로 항암치료를 받을 수 있도록 몸을 빨리 회복하기 위해서 에너지 이완 명상을 하자고 저를 찾아왔을 것이라 짐작했습니다. 그런데 그는 제게 뜻밖의 말을 했습니다.

"지금의 이 아픔이 없었다면 저는 평생 몸과 마음에 얽매여 살아갈 뻔했습니다. 그런데 이렇게 진정한 저 자신을 알게 되어서 너무나 감사하고 고마운 일입니다. 저는 오늘 명상을 통해서 제 안에 미세하게 흐르는 생명의 떨림을 찾고, 이 고통을 통해 밝은 의식을 일깨우려고 합니다."

그의 표정, 목소리, 눈빛으로 진심이 전해졌습니다. 그는 자신이 통증이 아님을 알고 있었습니다. 자신과 통증을 동일시하지 않았습니다. 몸이 내 본질이 아님을 확연히 알았기에 통증을 받아들일 수 있는 여유로움이 있었습니다.

그는 명상을 하면서 이 아픔 또한 텅 빈 배경 위에서 일어나고 있는 하나의 현상임을 알게 되었습니다. 현재의 아픔을 두려움으로 확대해석하여 감정에 휘말리지 않았습니다. 내면에서 에너지의 저항이 일어나지 않았기 때문에,

있는 그대로 받아들이고 수용할 수 있는 힘이 생겼습니다. 그리고 정말로 아픔으로부터 벗어났습니다.

명상을 한 지 6개월 된 여성분이 최근 저에게 말했습니다. "이름을 떼고서 본연의 나를 본 순간 온몸에 소름이 돋았습니다. 그리고 무서워졌습니다. 이름도 떼어버리고, 누구의 딸이라는 딱지도 떼어버리고, 직장에서의 직책도 떼어버리고, 여자라는 성별도 떼어버리니 아무것도 없는 '텅 빈 나'뿐이었습니다. 하지만 '나는 누구야?', '아무것도 없는 나는 무엇이야?'라는 질문을 던지다 보니 어느 순간 두려움은 사라지고 그 어디에도 걸리지 않는 자유로움이 곧 나라는 사실을 알게 되었습니다."

명상을 통해서 그녀는 내 몸이 내가 아님을 알았습니다. 몸은 텅 빈 의식의 나를 만나게 해주는 도구입니다. 앞으로 그녀의 삶은 달라질 것입니다. 때로는 상황에 따라 기존의 의식 패턴 속으로 다시 끌려가기도 하겠지만, 지속적인 명상을 통해서 자신의 내면을 비춰 운용할 수 있는 에너지의 힘을 키운다면 자신이 바라고 원하는 대로 살게 될 것입니다.

텅 비었다는 것은 아무것도 없다는 뜻이 아닙니다. 너무 크고 가득해서 텅 빈 것처럼 보일 뿐입니다. 텅 빔 속에는 무엇이든 담길 수 있습니다.

빅뱅 이전의 우주는 한 점에 불과했지만, 텅 비었음에도 가득한 에너지 그 자체였습니다. 그 에너지가 대폭발을 일으켜 비로소 창조가 이루어지기 시작했습니다. 이것이 바로 텅 빈 충만함입니다.

텅 빈 충만함은 '작은 나'로 사는 데서 벗어나는 것입니다. 일상에서 텅 빈 충만함의 상태를 원한다면 지금 있는 그 자리에서 내면의 울림을 느껴보십시오. 이리저리 떠오르는 생각들과 감정들을 향한 초점을 놓아버리십시오. 비행기를 타고 하늘 높이 올라가서 아래에 있는 수많은 작은 점들을 바라보듯이, 자신이 빠져 있던 생각과 감정에서 나와 그것들을 그저 바라만 보십시오. 그리고 '응, 좋아' 하고 되뇌며 자신의 상황을 받아들이십시오.

저는 어린 시절 방학이 되면 외할머니댁에 놀러 가곤 했습니다. 그런데 가끔 새벽에 일어나 보면 외할머니가 장독대에 물을 떠놓고 합장한 자세로 서 계시곤 했습니다. 어린 마음에도 그 장면이 경건하고 성스러워 보여 어느 날인가 할머니에게 물었습니다.

"할머니, 장독대에서 무엇을 빌었어?"

"빌긴 무엇을 빌어? 네가 저 감나무처럼 잘 자라게 해달라고, 나중에 커서 저 감나무 위에 높이 뜬 달처럼 훤하게 사람들을 비추게 해달라고 했지."

외할머니는 누구를 향해서 빌었을까요? 그 대상이 누구였을까요? 부처님, 아니면 하느님? 아닙니다. 외할머니는 어떤 대상을 향해서 무엇을 구하고 얻고자 빈 것이 아닙니다. 비는 대상이 따로 없었습니다. 일렁이는 새벽의 바람, 환하게 비추는 달빛, 그림자, 소리 없이 내리는 눈…. 그냥 이 모든 삼라만상과 만나고 교감하고 계셨던 것입니다.

그 순간 외할머니의 '작은 나'는 사라졌고, 대자연과 하나가 된 '텅 빈 나'이자 우주의 동반자로서 거기에 계셨습니다. 이것이 명상이며 기도이고 창조입니다.

모든 삼라만상은 생명력에 의해서 움직입니다. 당신을 도와줄 무한한 생명력과 연결되기 위해서는 '텅 빈 나'와 만나기만 하면 됩니다. 당신 안에는 텅 비었지만 무한한 생명력이 가득 차 있는 '본연의 나'가 있고, 그 충만한 생명력이 의도를 통해 당신을 목적 있는 삶으로 이끌어갑니다.

그러니 그 '본연의 나'가 이끄는 대로 당신이 당신의 삶에서 이루고 싶은 목표, 욕망에 대한 의도만 세우면 됩니다.

기업 교육에 30년 이상 몸을 담고 강사와 코치로 인생을 잘 살아오신 분이 계십니다. 사회적으로도 어느 정도 성공을 했고, 세상 이치에 밝아 그에게 조언을 구하는 사람들이 꽤 많습니다. 뿐만 아니라 인간의 본성과 진리를 탐구하는 데도 관심이 많아 종종 저와도 차담을 나누곤 합니다.

어느 날 그분이 제게 고민을 털어놓았습니다. 은퇴를 고려할 나이가 되어 제2의 인생을 준비해야 할 것 같은데, 해외에서 훌륭한 교육 프로그램을 우연히 접하고 가슴이 뛰었답니다. 그것을 국내에 들여와 전국에 보급할 상상을 하니 처음 교육계에 뛰어들었던 젊은 날의 설렘마저 되살아났다고 합니다.

그런데도 막상 실행을 하려 하니 망설여진다는 것이었습니다.

"무엇 때문일까요?"

"당연히 실패의 두려움이지요. 과거에 사업에 투자했다가 돈을 다 날린 적이 있었습니다. 그것도 두 번씩이나요. 식구들도 지금 있는 돈을 잘 관리하는 것으로 충분한데 굳이 시간, 돈, 에너지를 쏟으며 무리할 필요가 있냐고 걱정하네요. 가장으로서 가족에게 피해를 주면 안 되겠지요. 그러다 보니 진짜 이 프로그램이 한국에서 먹힐까 하는 의구심이 들어 자꾸 이리저리 재보게 됩니다."

그야말로 이성(머리)과 느낌(가슴)의 충돌이었습니다. 그는 제게 이 프로그램이 사업성이 있을지, 자신과 잘 맞을지를 조언해달라고 부탁했습니다.

저는 이렇게 말했습니다.

"선생님이 진정 원하는 것이 무엇입니까? 가슴 뛸 정도로 하고 싶은 일이 무엇입니까? 이미 가슴이 뛸 대로 뛰었는데 무엇을 망설이고, 무엇 때문에 주저합니까? 더 이상 가슴이 뛰지 않고, 하고 싶은 일이 없다는 게 정말 문제이지 않겠습니까?"

그의 눈빛이 예전처럼 다시 밝게 빛났습니다. 우리는 함께 웃음을 지으며 명상을 했습니다. 그는 고요 속에서 변화를 일으키는 강렬한 욕망의 흐름을 느꼈습니다. 자신이 진정 무엇을 원하는지를 알고 나니, 주변 사람들의 우려도 머릿속의 걱정도 다 허상에 불과함을 알게 되었습니다.

그는 지금 자신이 선택한 프로그램의 교육가로서 활기찬 삶을 살아가고 있습니다. 프리랜서로 혼자 활동했던 과거의 방식과 달리 교육 공동체를 꾸려 날마다 사람들과 부딪치면서도 이제야 진짜 사는 것 같다고 합니다. 자신이 해온 마음공부를 이 일에 실제로 적용하면서 사는 것이 재미이고 보람이라고 말입니다.

우리의 삶은 머리가 아니라 뜨거운 가슴으로 열립니다. 내면의 강렬한 욕망이 우리의 가슴을 달구어 앞으로 나아가게 합니다. 미래는 아무도 알 수가 없기에, 우리를 멈춤 없이 나아가게 해주는 동력이 필요합니다. 그것이 바로 고동치는 심장의 에너지입니다.

당신의 삶은 어느 누구도 대신 살아줄 수 없습니다. 그러니 깊숙한 근원에 있는 강렬한 욕망을 스스로 찾아내야 합니다. 명상도 좋고, 기도도 좋습니다. 고요한 곳에서, 즉 자기 자신을 마주할 수 있는 시공 속에서 자기 영혼의 소리를 들어보십시오. '나는 이것을 하고 싶다'라는 영혼의 뜨거운 욕망을 느껴보십시오.

당신이 원하는 것이 무엇이든, 그 의도가 빛날 때 분명 당신의 가슴은 뛰고 있을 것입니다. 당신에게 큰 울림이 일어날 것입니다. 당신의 그 울림을 다른 이들에게 전하십시오. 다른 이들에게도 이로움을 주는 욕망이자 울림이라면, 당신의 그 꿈은 우주적 차원으로 승화될 것입니다.

풀-이-비-내

옛날 불상이나 성화를 보면 성자들이 온화한 미소를 띠고 기도나 명상을 하고 있습니다. 그런데 요즘 명상하는 분들의 얼굴을 보면 대체로 심각한 표정에다 미간을 찌푸리고 있습니다. 무엇에 집중하고 있기에 그런 표정이 나오는지가 저는 늘 의문입니다.

저는 매일 짧은 시간이나마 텅 빈 본연의 나와 만납니다. 그 과정을 '풀-이-비-내'로 요약할 수 있는데, 자신이 어떤 표정을 짓고 있는지 주의하면서 당신도 실천해보시길 권합니다.

풀어놓고

가장 균형 잡힌 자세가 바른 자세입니다. 몸과 마음의 중심이 일치되고 긴장이 풀리는 자세를 찾아보십시오. 의자에 앉든 바닥에 앉든, 가장 편안하고 안정된 나만의 자세를 찾으십시오.

얼굴 근육을 편안하게 풀어놓습니다. 입은 자연스럽게 살짝 벌리고, 혀는 입천장에 가볍게 닿게 합니다. 이 모습이 얼굴의 근육과 신경이 풀어진 상태입니다.

몸의 긴장은 얼굴에 나타나고 어깨에 실립니다. 긴장이 사라지면 에너지 흐름이 생각이나 감정에 의해 막히지 않고 순환하게 됩니다.

에너지가 순환할 때, 긴장되고 억눌렸던 감각들이 깨어나고 열립니다. 그럴 때 입안에는 저절로 침이 고입니다. 침이 고이면 그냥 삼키십시오. 삼킬 때도 입을 다물지 않은 상태로 유지하는 것이 얼굴의 근육을 풀어놓는 데 도움이 됩니다.

이완하고

얼굴의 편안함을 넓게 확장하여 온몸을 이완해보십시오.

그리고 그 이완된 몸을 나 이외의 대상으로, 일종의 도구로 바라보십시오.

의식으로써 내 몸과 오감에서 일어나는 반응들을 그냥 지켜보십시오.

생각도, 감정도, 호흡도 나 이외의 대상으로 보고 주시하십시오.

몸이 이완되고 생각이 일어나지 않으면 의식의 빛이

몸을 비추게 됩니다.

의식으로 몸을 비추면 닫히고 억눌렸던 감각들이 열립니다. 평소에는 끊임없이 쏟아져 오는 일상의 정보들과 쉼 없이 일어나는 생각에 의해 느껴지지 않던 감각들입니다.

그 감각들이 살아나면서 내 안의 세포 하나하나가 열림을 느끼게 됩니다. 낱낱의 세포가 다른 모든 세포와도 연결되어 있음을 알아차리게 됩니다.

심장이 뛰는 소리, 맥박, 몸에서 일어나는 작은 소리하나하나까지 들리고 알아차리게 됩니다.

비우고

계속해서 몸을 더욱 이완하고 의식의 빛으로 비추십시오.

그러면 내 안이 텅 빈 것 같은데도 충만함이 느껴집니다. 풍선처럼 속이 텅 비어 있으면서도 에너지로 인해부풀어 있는 상태입니다.

나를 둘러싸고 있는 투명막 같은 껍질들이 점점 더 얇

아지고, 충만한 생명의 에너지가 물결치듯 일렁이며
그 막을 터트릴 듯이 더욱 부풀립니다.

내려놓고

가끔 생각이 일어날 때는 '응, 좋아~' 하고 그냥 생각
을 지켜봅니다. 그리고 생각이 잦아들면 다음과 같은
질문을 합니다.

나는 누구인가?

나는 무엇인가?

가슴 깊숙이에서 어떤 '중심체'가 느껴집니다. 처음의
숨결이, 최초의 숨이 거기에 머물고 있음을 알게 됩니
다. 더 이완하고 주시하다 보면 이 '중심체'마저 사라
집니다.

점점 의식적인 호흡이 사라집니다. 들숨과 날숨이 교
차하는 일상적 호흡이 아니라 실처럼 가는 숨이 나가
는 동시에 들어오는 듯한 느낌이 듭니다. 들숨과 날숨
을 구별할 이유가 없어집니다.

생각과 감정, 느낌이 일어날 틈이 사라집니다. 시비분

별과 판단이 사라집니다.

시간이 멈춘 듯한 공간 속에서 에너지의 물결이 안개처럼, 물보라처럼, 빛처럼 나타나고 사라지고 흐르고 발산합니다. 의식의 틀을 벗어나 나 이외의 대상들과 감응합니다.

저는 이런 호흡을 '영원순환 호흡'이라고 부릅니다. 영원순환 호흡에서는 호흡의 길이, 멈춤, 들숨과 날숨의 비율 등이 의미가 없습니다. 숨이 저절로 쉬어집니다. 의식할 필요가 없고, 의식할 수도 없습니다. 그냥 있는 그대로 이루어질 뿐입니다.

여기서 더 이완하고 놓아버리고 풀어버리면 몸이 사라집니다.

이제는 '텅 빈 나'만이 존재합니다.

이것은 의식이 만들어놓은 것이 아닙니다.

입자의 덩어리인 물질은 사라지고 오직 파동만이 존재하고 있습니다. 나는 내 몸의 영향을 받지 않습니다. 나는 만들어진 의식의 틀을 바라볼 수 있고, 그로부터 벗어날 수 있습니다.

나는 자유롭고 창조적인 존재입니다.

나는 완전하고 완벽한 존재입니다.

더 깊이 이완하고 의식으로 비추는 동안 확연히 알게

됩니다.

내가 우주의 일점^{一點}이고, 이 일점이 우주이며, 그리

하여 만물이 곧 나라는 사실을.

4
애쓰지 않아도
됩니다

오래전 일이지만 아직도 바로 오늘 겪은 듯 생생한 기억이 있습니다.

아마도 겨울의 끝자락이었을 겁니다. 여섯 살 어린아이였던 저는 길 건너 맞은편에 서 있는 아버지를 보고 반가운 마음에 뛰어가다가 쏜살같이 달려오던 차에 부딪혀서 사고를 당하고 말았습니다.

"쾅" 하고 차에 부딪힌 순간 이후로는 현실의 기억이 없습니다. 그때 저는 다른 곳으로 가 있었습니다. 주변은 형형색색의 꽃들로 너무나 아름다웠고, 때마침 기분 좋게 불어오는 바람에 꽃잎들이 흩날리며 가득 쏟아져 내렸습니다. 꽃잎들이 제 머리와 얼굴은 물론이고 옷과 주머니, 신발 안까지 가득 담겼습니다. 꽃길 옆에는 그 속이 훤히 들여다보일 만큼 맑은 시냇물이 흘렀고, 저는 물속의 조약돌을 만지며 놀았습니다.

그때 갑자기 갓을 쓰고 도포를 입은 단아한 선비 한 분이 웃으며 걸어왔습니다. 그 선비는 40대쯤으로 보였는데, 용모가 아주 정갈하고 단정했습니다.

선비는 아주 친근한 목소리로 말했습니다.

"얘야, 너 왜 여기에 있니? 이제 그만 놀고 집으로 돌아가거라. 부모님이 걱정하실 텐데. 여기는 네가 머무를 곳이 아니다."

저는 그곳이 너무 좋았지만 왠지 그분의 말을 거역할 수 없었습니다. 어쩔 수 없이 돌아선 저를 향해 그분은 이렇게 말했습니다.

"내가 일두다. 일두, 일두."

자신이 '일두'라고 세 번이나 말하는 그의 목소리가 채 사라지기도 전에 저는 머리가 깨지는 것처럼 심한 통증을 느꼈습니다. 그리고 고통 속에서 눈을 떴습니다. 방금 보았던 낙원 같은 평화로움은 온데간데없고, 저는 병원 침대에 누워 있었습니다. 막 머리를 꿰매고 응급처치가 끝난 참이었습니다. 그날의 사고 이후로 저는 깁스한 두 다리를 천장에 고정시켜두고 석 달이나 병원에서 보내야만 했습니다.

그런데 응급처치가 끝나고 제 옷을 환자복으로 갈아입

히던 어머니가 석연찮은 표정으로 옷가지를 챙겨 밖으로 나갔다가 돌아오셨습니다. 그리고 제게 손을 내밀어 뭔가를 보여주셨습니다. 그것은 제가 꿈인지 생시인지 모를 곳에서 보았던 것과 똑같은 꽃잎들이었습니다.

신실한 가톨릭 신자였던 어머니는 혹시 제가 마귀에 씐 게 아닌가 싶어 불안했다고 하셨습니다. 그래서 얼른 꽃잎들을 다른 사람들이 보지 못하도록 가지고 나가 처리하셨던 것입니다. 어머니는 남겨둔 몇 개의 꽃잎들을 제게 보여주며 말씀하셨습니다.

"애야. 네 몸과 옷 주머니, 신발까지 이런 꽃잎이 가득 있었다."

저는 '어? 조금 전에 내가 본 그 꽃인데…' 하고 속으로만 생각할 뿐이었습니다. 지금은 비닐하우스가 많아서 계절에 상관없이 온갖 꽃들을 살 수 있지만, 당시만 해도 한겨울에 꽃을 구한다는 것은 상상하기 어려운 일이었습니다. 그래서 어머니는 "이 엄동설한에 무슨 꽃이란 말이고…" 하고 걱정하며 어린 제 곁을 꼭 지키셨습니다.

며칠 뒤 사고 소식을 듣고 고모부가 병원에 오셨습니다. 고모부를 보니 갑자기 그때 자신을 '일두'라고 말했던 선비가 생각나서 여쭤보았습니다.

"고모부, 일두가 누구예요?"

그런데 고모부가 채 대답하기도 전에 옆에 계시던 아버

지가 먼저 말씀하셨습니다.

"네가 어떻게 일두 선생을 아니? 내가 한 번도 이야기
해주지 않았을 텐데. 그분은 하동 정씨 문헌공파 파조이시
다. '일두'라는 호를 쓰셨던 정여창 선생이지. 우리의 조상
이시다."

그 후로 '일두'라는 이름이 잊히지 않았습니다. 나중에
더 자세히 알아보니, 동방오현東方五賢 중 한 분으로 불리기
도 했던 저의 선대조상님이었습니다.

저는 나중에야 알게 되었습니다. 교통사고의 순간, 폭
발적인 에너지가 어린 제 의식의 틀을 무너뜨리고 물들지
않는 '텅 빈 본연의 나'의 의식을 열었다는 것을.

저는 이 경험을 통해 그 평화로운 세상이 처음부터 내
안에 깃들어 있었음을 알게 되었습니다. 생명의 원천이 시
공간의 벽을 허물고 다른 차원으로 저를 초대하여 우리가
사는 차원이 전부가 아님을 직접 보여주었던 것입니다. 그
리고 그곳에서 충전된 에너지는 두 다리가 부러지고 머리
가 심하게 다쳐서 생명이 위독할 만큼의 큰 사고였음에도,
제가 기적처럼 깨어나 빠르게 건강을 회복하도록 도와주
었습니다.

초등학교 1학년 때의 일입니다. 신앙심이 두터웠던 어
머니로 인해 어린 나이에도 불구하고 가톨릭 의식인 첫 영

성체를 받기 위해 교리반에 들어갔습니다.

학교에서 실개천을 따라 성당으로 가는 길은 인적이 드물고 스산했습니다. 갈 때는 그나마 해가 남아 있어 괜찮았는데, 교리반이 끝나고 나면 해가 져서 바깥은 이미 어둠이 짙게 깔리곤 했습니다.

성당에서 집으로 가려면 작은 동산을 세 개나 넘어가야 했습니다. 그중 두 번째 동산에는 당시 '문둥병'이라고 불렸던 한센병 앓는 사람들이 모여 사는 움막촌이 있었습니다. 그곳을 지날 때마다 그들에 대한 무시무시한 소문이 떠올라서 심장이 콩닥콩닥 뛰고 겁이 덜컥 났습니다. 도망치고 싶어도 긴장한 탓에 뛰는 것조차 마음대로 되지 않았습니다. 얼음처럼 굳어 있다가, 사람이 지나간 뒤에야 겨우 다리를 움직일 정도였습니다. 어떤 때는 사람 그림자 비슷한 것이라도 어렴풋이 보이면 눈을 질끈 감고 입에서 단내가 나도록 뜀박질을 하기도 했습니다. 그때의 풍경은 어른이 된 지금 다시 떠올려보아도 으스스합니다.

그날도 교리 시간은 어김없이 찾아왔습니다. 저는 도통 집중을 하지 못하고 계속 불안해하면서 날이 저물어가는 창밖만 보고 있었나 봅니다. 그런 저에게 수녀님이 다가와서 물었습니다.

"왜 교리는 듣지 않고 창밖을 바라보며 딴짓하고 있어?"

"집으로 갈 일이 너무 걱정돼서 그래요."

사정을 듣고 난 후 수녀님은 온화한 얼굴로 제게 이렇게 물었습니다.

"애야, 하느님은 어디에 계시느냐?"

"성당에 있습니다."

"그래. 맞아. 그리고 그분은 네 안에도 살아 계신단다. 그분은 아니 계신 데 없이 다 계시거든. 하느님이 너를 주시하고 지켜주시니 걱정하지 말아라."

그 순간, 수녀님의 그 말이 저의 무의식에 깊이 새겨졌습니다.

'전지전능한 하느님이 내 안에 있다고? 내 안에서 나를 지켜준다고? 그럼 나는 누구지? 나는 무엇이지?'

저는 영문도 모른 채 마음속으로 이 질문을 반복하기 시작했습니다. 그리고 어느 순간, 신은 언제나 내 안에 나와 함께 있다는 말이 이해가 되었습니다. 동시에 어둠이 내려앉은 창밖에 대한 두려움은 사라졌고, 가슴 가득히 알 수 없는 기쁨이 밀려왔습니다. 실내도, 창밖도 환히 밝아진 듯 보였습니다. 아이들도, 수녀님도 모두가 환하게 웃으며 밝은 빛을 내는 존재로 보였습니다.

이후로는 집으로 돌아오는 길이 조금도 두렵지 않았습니다. 창조주의 씨앗이 나에게 있다는 것을 확고히 알았을 때, 저는 저의 의로운 행동 하나하나가 우주에 영향을 준다는 사실을 확신하게 되었습니다. 제가 남들이 보기에 때로는 무모하고 때로는 대범하게 살아올 수 있었던 것은, 내 안의 영원한 생명의 힘이 나를 지켜주고 나와 함께하며 그가 곧 나라는 것을 알았기 때문입니다.

저는 어린 시절 체험했던 이 현상들이 무엇을 의미하고 말하고자 하는 것인지 더 분명히 알고 싶었습니다. 하지만 어느 누구에게 물어도 마음이 시원해지는 답을 찾지 못하자, 신학교에 가고 싶어졌습니다.

저는 신실했던 가톨릭 집안에서 나고 자랐습니다. 성당이라는 울타리 안에서 신앙 활동을 하며 사람들을 만나고 사회를 알았기에, 그곳이라면 제가 원했던 답을 얻을 수 있을 것이라고 막연히 생각했습니다. 일반 고등학교 대신 신학교에 가겠다고 하자 가족들은 모두 고개를 내저었습니다. 독실한 신자인 어머니만이 자신의 기도가 이루어졌다면서 엄청나게 기뻐하셨습니다.

집안에 사제가 나온다는 어머니의 기대감이 짐짓 무거웠지만, 사실 제 꿈은 성직자가 되는 것이 아니었습니다. 하지만 '나와 신과의 관계'에 대해서 알고 싶은 갈망과 강렬한 호기심이 있었기에 설렘을 안고 신학교에 입학했습니다.

저는 신학생이 되어 누구보다도 의욕적으로 기도했습니다. 새벽 3시에 일어나 성당에 홀로 앉아 동이 틀 때까지 기도하기도 했고, 십자가에 못 박힌 예수님의 형상을 바라보며 그분의 고통을 가슴 절절히 느껴보려고 하염없는 기도도 올렸습니다. 성당 안에 빙 둘러져 있는, 예수님의 고난을 그린 '십자가의 길'을 따라 걸으며 간절한 기도를 바치기도 했습니다.

성경을 읽으며 주님의 현존을 느끼기 위해 상상도 하고, 생각하며 느끼는 묵상의 기도도 드렸습니다. 성체 조배실朝拜室에서 고요히 머물며 그분의 현존과 함께하기 위한 긴 침묵의 관상觀想 기도도 매일의 일상이었습니다. 기도문을 읽으며 바치는 소리 기도도, 마음을 다해 기도문의 뜻을 새기는 염경念經 기도도 빼놓지 않았습니다.

종류별로 다양한 기도를 바쳤건만 그 어떤 특별한 체험도 없었습니다. 신학교에 들어온 것이 점점 무의미해지고, 대체 무엇 때문에 여기에 있는지조차 알 수 없는 시간들이 이어졌습니다. 더 큰 문제는 성경을 탐독할 때마다 그 글들이 더 이상 진리처럼 들리지 않게 된 것이었습니다. 마치 신화 같았습니다. 어린 시절 순수하게 믿고 따랐던 교리 공부도 이제는 알면 알수록 마음만 더 의문투성이로 얼룩졌습니다.

"예수님을 믿으면 천국이지만, 불신하면 지옥으로 간다."

어떻게 사랑의 신이 그렇게 단순한 이분법으로 사람을 천국행, 지옥행으로 심판할 수 있는지, 어떻게 동정녀의 몸에 신이 잉태되어 살았다가 죽고 난 후에는 부활하여 중력을 이기고 승천할 수 있는지… 온갖 질문들로 마음속에 번뇌가 일었습니다.

조심스럽게 지도신부님께 고백성사를 했습니다.

"신앙의 신비다. 머리로 알 수 없는 세계를 보지 않고도 믿는 자가 진복자眞福者다. 오직 신의 은총을 구하라."

신부님은 속죄를 위한 로사리오 기도를 제게 내리며 끊임없이 간구하고 기도하여 마음의 의심을 이기라 하셨습니다. 가슴을 치면서 라틴어로 "메아 꿀 바(내 탓이오, 내 탓이오, 내 탓이로소이다)"를 외친 후 성호를 긋는 그의 신성한 모습에 제 미혹된 마음은 잠재워졌지만, 그저 잠시의 위안일 뿐 가슴 깊숙한 데서 올라오는 의문은 오히려 더 커져만 갔습니다.

그렇게 여름방학이 끝나고 가을 학기가 시작되었습니다. 청명한 9월의 어느 날, 해 질 무렵 사방이 산으로 둘러싸인 교정을 그날도 로사리오 기도를 하면서 걸었습니다. 넘어가는 석양을 받아서 황금빛으로 일렁이는 억새가 더없이 아름다워 보였습니다. 평상시에는 그냥 단순히 속으로 되뇌며 받아들였던 로사리오 기도의 한 구절 한 구절이 그날따라 제 마음에 깊은 울림과 진동을 주었습니다. 오랫동안 억눌리고 잊혀져 있던 물음표가 그 울림 속에서 저절로 떠올랐습니다. 그것은 신에 대한 질문도, 교리에 대한 질문도 아니었습니다.

내가 나에게 묻고 있었습니다.

'지금 이 순간 나는 누구야?'

'이렇게 떨고 있고 진동하고 있는 나라는 존재는 무엇이야?'

'나는 왜 여기 있어?'

내 가슴을 파고드는 이 질문들을 알아차리는 순간, 모든 것이 사라졌습니다. 시간과 공간조차 사라졌습니다. 아니, 정확하게는 사라졌다기보다 인식할 수 없었습니다.

황금 억새 풀밭의 아름다움이 '작은 나'의 생각과 감정을 멈추게 했습니다. 저는 자연의 신비로움에 압도되었고, 기도의 힘으로써 깊고 깊은 고요 속으로 침잠해버렸습니다. 로사리오 기도를 드리면서 규칙적으로 낸 음률이 심연에 잠들어 있던 생명의 에너지를 물결치듯 진동시켰습니다. 오랫동안 잊혀졌던 나에 관한 근원적인 질문은 지금껏 배우고 듣고 익혔던 지식, 교리, 신학, 학문 등 인간이 만들어낸 모든 의식의 틀을 산산이 깨버렸습니다. 만들어진 의식이 깨지자 그 순간 '불멸의 나, 텅 빈 나, 본연의 나'가 드러났습니다. 그 '나'와 순식간에 감응하게 되었습니다. 모든 것은 둘이 아니고 하나였습니다.

환한 빛 속에 모든 것이 있었고, 빛이 곧 나였습니다. 그렇게 얼마간의 시간이 지났는지 모릅니다. 눈을 뜨자 함께 거닐던 학생들이 놀라고 당황스러워하는 얼굴로 저를 쳐다보았습니다.

이미 해는 저물고 교정은 어둑어둑했지만, 제 얼굴과 양손은 황금빛으로 물들어 있었습니다. 주변 학생들의 얼굴과 손에서도 드문드문 황금빛의 작은 조각들이 보였습니다. 그 빛은 마치 성당의 스테인드글라스처럼, 성화 속 성현들의 후광처럼 빛났습니다. 저는 더 이상 그곳에서 머물 수가 없었습니다.

자연이 스승이 되고, 기도가 은총이 되어, 내가 빛과 사랑의 존재임을 축복처럼 경험한 나!

본래 의식인 빛의 존재로 돌아가 황금빛으로 드러난 나!

그리고 그 본연의 빛을 받아 똑같이 빛을 내는 '또 다른 나'인 내 동료들!

더 이상 저는 예전으로 돌아갈 수 없었습니다. 내 밖의 신에게 구하고 비는 행위로는 나의 실체를 알 수 없다는 사실을 온몸으로 알아버렸기 때문입니다.

오래전 수녀님의 말씀이 다시 들렸습니다.

"얘야, 하느님은 언제 어디에나 존재한단다. 아니 계신 곳이 없어 네 안에도 있단다."

그날 한순간에 두려움을 떨쳐버렸던 그 소년은 지금 무엇을 하고 있단 말입니까. 나이를 거꾸로 먹었는지 되려 내 밖에서 그 신을 찾아 헤매고 다니고 있었습니다. 씁쓸

한 웃음이 터져 나왔습니다.

저는 제 본질에 대한 심오한 경험을 했으니, 더 이상 신을 향한 믿음에 미련이 없었습니다. 다음 날 아침, 저는 주저함 없이 그곳을 떠났습니다.

'나는 누구인가?'

'나는 무엇인가?'

영문도 모른 채 나 자신에게 던졌던 이 근원적인 질문이 의식의 틀을 벗어나게 해주었습니다. 그 틀이 사라지자 낡은 의식이 펼쳐낸 세계가 벗겨졌습니다. 진실이 드러났습니다. 저절로 사고의 관점이 달라졌습니다.

이 질문은 무언가에 막히고 답답하고 일이 풀리지 않을 때마다 평생 저를 이끌어주는 힘이 되었습니다. 저는 문득 떠오르는 바가 있으면 그곳이 국내든 해외든 어디든지 찾아가서 몸과 마음이 원하는 경험을 하며 살아왔습니다. 지나친 명상 수련과 호흡 수련으로 기관지가 손상되기도 했고, 무릎 연골이 파손되어 한동안 걷기조차 힘들어진 적도 있었습니다. 하지만 어린 시절의 내적 자각이 두려움을 없애준 덕분에, 늘 자유로운 존재로서 가슴이 시키는 대로 살아올 수 있었습니다.

저는 사람들에게 너무 애쓰고 갈구하지 않아도 된다고 말합니다. 위의 일화들에서 알 수 있듯이, 삶이란 흐르는 강물처럼 거대한 의식의 그물망에 의해서 움직이고 있습니다. 하나의 개체로서 우리가 할 일은 크게 없습니다.

내 안의 텅 빈 본연의 나를 만나고, 뿌린 대로 거두고 심은 대로 경험하게 됨을 알아차리고, 지금 주어진 것들을 감사히 받아들이는 것이 전부입니다.

나는 빛과 사랑입니다

침묵에 들면 잡념이 사라집니다.

부정적인 생각이나 감정도 사라집니다.

머리도 텅 비워집니다.

몸에는 신경전달물질이 원활히 흐르게 되고, 호르몬
이 적절히 분비됩니다.

그럴 때 지혜의 통로가 열리고 열정이 일어납니다.

나와 뭇 생명들을 이롭게 하고자 하는 생명력이 분출
됩니다.

허리를 바로 세우고 편안히 앉아도 좋고, 서 있어도
좋고, 천천히 사색하듯 가볍게 걸어도 좋습니다.

내 몸의 중심만 흐트러지지 않게 하면 됩니다.

우리는 하나의 대상에 초점을 맞추기도 하고, 전체를
보기도 합니다. 때로는 마음에 울림이 일어나는 대상
에 깊이 몰입하기도 합니다.

중요한 점은 하나의 대상이든 전체든, 보여지는 모든
대상에 의미를 두지 않는 것입니다. 그저 '모르는' 마
음으로 모든 것을 처음 대하듯 새롭게 봐야 합니다.

이미 알고 있는 정보와 기억에 의해서 대상을 보게 되

면 있는 그대로를, 즉 본질을 알 수 없게 됩니다.

가볍게 숨을 내쉬고 들이쉬면서, 가슴을 열고 긴장을 풀어줍니다.

숨을 들이쉬고 내쉬면서, 심장을 이완하고 편안히 해줍니다.

주변에서 여러 소리들이 들려옵니다. 새소리, 바람 소리, 사람 소리, 온갖 시끄러운 소리들…. 그 소리들을 분별하지 마십시오. 귀를 열어 그 전부를 가슴으로 들으십시오.

소리를 분별하면 머리가 소리를 듣게 되고, 만들어진 의식의 틀이 작동하게 됩니다.

그 각각의 소리들은 그저 하나의 소리일 뿐입니다. 가슴으로 소리들을 느껴보십시오. 머리가 아니라 귀를 여십시오. 오직 소리에 몰입해서 다른 생각이나 감정이 들어오지 않게 하십시오.

소리는 일어났다가 사라집니다. 마찬가지로 내 생각도, 감정, 느낌도 일어났다가 사라집니다. 같은 것입니다.

일어났다가 사라지는 것을 붙잡지 마십시오. 그것은

내가 아닙니다.

가슴을 열고, 심장으로 숨을 크게 들이쉬십시오. 숨을 내쉴 때 잡고 있던 마음, 붙잡으려고 하는 마음, 과거의 기억, 상처, 미래에 무엇인가 되고자 하는 마음도 함께 내려놓으십시오. 그 모든 것은 조건과 상황에 따라 바뀌는 것입니다. 그것들은 실체가 없습니다. 꿈에서 깨어나십시오.

가슴을 열고 심장으로 숨을 크게 들이쉬며 가슴을 텅비우고 마음을 활짝 여십시오.

지금 이 자리, 이 순간으로 돌아오십시오.

살아 있는 몸의 세세한 움직임들, 숨이 들어오고 나갈 때의 미묘한 느낌들, 살아 숨 쉬는 생명의 소리들, 호흡과 맥박, 몸의 움직임들…. 나는 살아 있는 생명의 존재입니다.

나는 살아 있는 생명의 힘을 가슴에서, 심장에서 느낍니다. 그리고 주변 모든 생명과 그 흐름을 함께 느끼고 있습니다.

살아 있는 생명의 힘이 하나의 세포로부터 온몸으로

흘러갑니다.

살아 있기에 열정이 있고, 용기가 솟고, 희망이 느껴집니다.

다시 한 번 온몸으로 숨을 깊이 들이쉬고 내쉬면서, 나는 느끼고 알아차립니다.

생명의 에너지가, 생명의 힘이 내 의식의 구조를 깨뜨려버립니다.

나는 덧붙여지고, 만들어지고, 갇힌 존재가 아닙니다.

나는 나입니다.

나는 빛과 사랑이 나임을 압니다.

5

의도는
놓아버리기 위한 것입니다

당신 앞에 나타난 세계는 당신 의식이 투영된 가상현실입니다. 그러므로 현실을 경험하고 있다기보다는 스스로 창조한 것을 마주하고 있다는 말이 더 맞습니다.

성경의 마태복음 5장에는 "마음속에서 생각한 것만으로도 실제 한 것과 같다"는 구절이 있습니다. 이것은 생각을 잘 운용하라는 뜻입니다. 생각도 에너지이기 때문입니다.

당신이 이루고자 하는 바람은 무엇입니까?

그 바람을 이루려고 하는 이유는 무엇입니까?

자신에게 계속 물어보십시오. 당신만의 가능성의 씨앗을 가져오기 위해서는 생각의 속삭임들을 내버려두어야 합니다. 그 속삭임을 조절하거나 통제하려고 하지 마십시오. 바람에 나뭇잎이 흔들리는 모습을 지켜보듯이, 흘러가는 구름을 쳐다보듯이, 그렇게 무심히 생각을 바라보면 그 속삭임들은 당신을 괴롭히지 못합니다.

생각이 멈춰지면 의식은 텅 비어버립니다. 그 텅 빈 고요 안에서 '의도'를 뚜렷이 떠올립니다. 그것은 당신이 진심으로 바라는 하나의 바람이어야 합니다. 또한 그 바람은 당신 자신뿐만 아니라 모두에게 이로운 것이어야 합니다. 그래야만 이런저런 걸림이 없고 의심이 일어나지 않습니다. 그때 당신의 숨은 능력이 외부로 드러납니다.

지금 이 순간 책을 내려놓고, 모든 선입견과 의심을 비워버리고, 당신이 바라는 무언가를 떠올려보십시오.

하루에 두 번, 잠들기 직전과 잠에서 깨어날 때 그것을 반복해서 떠올려보십시오. 떠올릴 때 설렘이 느껴집니까? 가슴속에 따뜻한 울림이 있습니까? 그렇다면 당신의 '의식의 틀' 안에 의도의 씨앗이 뿌려지고 심어진 것입니다.

당신은 의도를 심었습니다. 이제 그 의도는 당신만의 것이 아닙니다. 이루어지고 이루어지지 않고는 당신이 결정할 일이 아닙니다.

그 의도를 즉시 마음에서 놓아버리십시오. 만약 당신이 그 의도에 집착한다면, 그것은 무거운 짐으로 변해 당신을 구속할 것입니다. 의도란 소원하는 바이고 나아갈 방향입니다. 의도를 이루는 것은 내가 할 일이 아닙니다. 오히려 당신은 관여하지 말아야 합니다. 왜냐하면 당신은 지금 처해 있는 환경이나 생각의 틀 안에서만 생각하고 행동할 것이기 때문입니다.

내 뜻대로, 내 마음대로 되기를 바라는 욕심을 내려놓으십시오. 그렇지 않으면 당신은 또 다른 의도를, 더 나은 의도를 찾으려고 할 것입니다. 이 단계에서 무엇보다 중요한 점은 창조의 영역에 관여하지 않는 것입니다.

그렇다고 해서 잊어버리라는 것은 아닙니다. 그 의도가 진심이라면, 그것은 이미 당신의 무의식 안에 뚜렷이 새겨졌습니다. 가끔 그 의도가 떠오를 때 당신은 다음의 세 마디만 속삭이듯 내뱉으면 됩니다.

"응. 그래. 좋습니다."

이 단순한 수용의 표현이 무의식에 뿌리내린 의도에 물을 주고 싹을 틔워 현실로 드러나게 할 것입니다. 의도가 당신의 무의식에 뿌리내리면, 자신도 모르게 그 의도가 이루어지는 방향으로 움직이고 행동하게 됩니다. 남들에게는 힘든 일인데 당신은 힘든 줄도 모르고 해내게 될 것입니다.

결과는 당신이 관여할 일이 아닙니다. 당신의 역할은 심부름을 하는 것까지입니다. 결과는 텅 빈 '본연의 나'가 알아서 할 것입니다. 당신은 지금 이 순간 당신 앞에 주어진 일을 하고, 순간순간 마주하는 현실을 인정하며 한 걸음 한 걸음씩 나아가면 됩니다.

저는 대학에 근무했었는데, 퇴근하고 나서는 동문이 물려준 합기도 도장에서 후배들과 함께 사람들을 가르쳤습니다. 그리고 도장을 방문하는 사람들 중에 간혹 치유가 필요한 사람들이 있으면 명상도 함께 하곤 했습니다. 그러다 보니 그게 자연스럽게 소문이 나서 도장을 찾는 사람들의 수가 점점 늘어났습니다. 심지어 주말과 휴일에는 매번 100여 명 정도의 사람들이 모여 함께 명상을 하게 되었습니다.

저는 그 일을 하면서 어떤 대가도 바라지 않았습니다. 그 일 자체가 저의 욕망을 이루는 것이었기 때문입니다. 저는 제 의식이 더 확장되고 깊어짐을 느꼈습니다. 텅 빈 '본연의 나'가 나와 함께하고 있음을 확신하게 되었습니다. 다만 오시는 분들이 더 쾌적한 장소에서 명상을 할 수 있었으면 좋겠다는 하나의 바람만이 있었습니다.

그렇게 여섯 달이 지나갔습니다. 어느 여름날, 한 제자가 갑자기 전화를 해서는 이렇게 물었습니다.

"제가 지금 OO에 와 있는데요, 국전에서 특선한 서예가가 붓글씨를 써준다고 하네요. 어떤 글씨를 써달라고 할까요? 이 글씨를 선생님께 드리고 싶어서요."

그때 문득 떠오른 글귀가 '재기통문財氣通門'이었습니다. 재기통문은 '재물은 의식이라는 문을 통해서 들어온다'라는 뜻입니다. 즉 마음을 열어야 재물이 들어온다는 말입니다. 저는 아주 가벼운 마음으로 그 글이 좋겠다고 말했습니다.

그 제자는 마치 굉장한 보물을 얻은 것처럼 서예가에게 받은 글을 소중하게 갖고 왔습니다. 나는 그가 받아온 글을 도장 사무실 입구에 붙여놓았습니다. 도장에 오는 모든 이들에게 정신과 물질의 풍요로움을 나누고 베풀기 위함이었습니다.

그리고 얼마 되지 않아 전혀 예상치 못한 일이 생겼습니다. 동문회에서 두 번 정도 얼굴을 본 것이 전부인 제 동창생이 우연히 우리 도장을 방문하게 되었습니다. 그리고 그날 저와 함께한 단 한 번의 명상을 통해 깊은 평화를 얻고 육체적인 고통에서 벗어나게 되었습니다.

"나는 지금까지 사업하면서 두 발을 뻗고 잠을 잔 적이 없는데, 오늘에야 비로소 평화로운 시간을 맞게 되었네. 내가 돈을 보낼 테니 더 많은 사람들을 위해 이 일을 계속해주지 않겠나?"

친구는 이렇게 말하면서 아무런 조건 없이 도심에 새로운 사무실을 마련해주고 운영 경비까지 지원해주었습니다. 덕분에 명상센터를 운영하며 본격적으로 사람들을 지도할 수 있는 여건이 조성되었습니다.

그래서 저는 오랫동안 근무해온 대학을 정년보다 10여

년 앞서 퇴직하게 되었습니다. 퇴직을 하겠다고 하니 주변의 많은 분들이 걱정했습니다. 안정된 직장을 그만두고 장래가 불확실한 명상센터를 하겠다니 당연한 우려였습니다. 그러나 저는 한 치의 걱정이나 불안이 없었습니다. 제가 하고자 하는 일은 의심할 여지 없이 저 자신에게도, 다른 이들에게도 이로운 일이었기 때문입니다.

이야기는 여기서 끝이 아닙니다. 명상센터를 운영하던 어느 날, 이번에는 서울에서 중소기업을 운영하는 김 회장이란 분이 저를 찾아왔습니다. 그는 가족과의 갈등과 회사의 경영난으로 골치를 썩이고 있었는데, 여러 번의 명상을 통해 자기 내면에 숨어 있던 원망과 두려움을 알아차리게 되었습니다.

이 알아차림을 계기로 그는 아들과의 관계를 회복했고, 확고한 비전을 세워 회사에도 새로운 활기를 불어넣었습니다. 회사는 점차 경영이 안정되어 흑자로 돌아섰고, 몇 년 전에는 전 직원과 미리 약속한 대로 해외여행까지 다녀왔다고 합니다.

아무튼 공교롭게도 그분 역시 서울에 사무실을 마련해 놓고는 지방도시보다는 더 큰 무대에서, 더 많은 사람들을 위해 이 일을 해달라며 제게 상경을 부탁했습니다. 저는 이번에도 이 일에 대한 신뢰와 확신이 있었기에 주저 없이 서울로 오기로 결정했습니다.

이것이 현재 서울에 본명상 센터가 자리 잡게 된 사연입니다. 도장 사무실에 붙였던 글귀 그대로, '재기통문'을 통해서 저절로 일들이 일어나고 진화해갔습니다.

우리가 사는 세계는 이원성의 세계입니다. 씨앗을 밭에 뿌리면 새싹이 돋아납니다. 진심으로 이루기를 원한다면 씨앗을 뿌리면 됩니다. 결과는 기대하거나 관여하지 마십시오. 하늘은 우연을 가장해서 큰 선물을 주기도 합니다. 우리는 그냥 좋아서 해야 할 일을 하는 것뿐입니다.

저와 함께 명상을 하는 어떤 분의 이야기입니다. 그는 새해가 시작되는 날의 새벽에 하나의 의도를 세웠습니다.

'밝은 해가 잘 비치는 아름다운 집으로 이사를 가고 싶다.'

그리고 의도의 명상을 시작했습니다.

첫 번째, '왜 내가 지금 있는 곳에서 새로운 집으로 가려고 하는가?'를 자신에게 질문했습니다. 자신의 깊은 마음을 보기 시작했습니다. 그래서 밝고 쾌적한 집에 살게 된다면 내가 주변 사람들에게 더 밝고 아름다운 에너지를 전해주게 되리라는 답을 얻었습니다.

두 번째, 명상을 통해 밝고 쾌적한 집으로 들어갔을 때의 느낌과 상태를 의식으로써 그리기 시작했습니다.

세 번째, 얼마 후 명상 중에 밝고 쾌적한 상태를 정말로 경험하게 되었습니다. 그는 그 밝고 아름답고 쾌적한 느낌이 밖에서 주어지는 것이 아니고 본래 내 안에 있는 것임을 알아차렸습니다. 그러자 새로운 집을 사고자 했던 생각이 저절로 사라졌습니다.

네 번째, 어느 날 퇴근하고 집에 돌아와 보니 그곳은 지금까지 알던 모습이 아니었습니다. 밝고 아름답고 쾌적한, 새로운 집이었습니다. 그가 꿈꾸었던 그런 집이었습니다. 그는 자신이 이미 그런 집에서 살고 있었다는 데 대해 진심으로 감사하게 되었습니다.

'작은 나'는 만족이라는 것을 모릅니다. 항상 부족하고 무언가 결핍된 상태입니다. 결핍의 마음에는 풍요의 에너지가 흐를 수 없습니다.

당신이 밖에서 가져오려고 하는 모든 것이 이미 당신 안에 있음을 명심하십시오. 당신이 보는 모든 것은 당신 내면의 무언가가 투영되어 나타난 것입니다.

당신 안에서 울림과 진동 그리고 감사를 느낀다면 당신의 의도는 이미 이루어졌습니다.

당신 자신을 신뢰하고 확신하십시오. 애쓰지 않아도 됩니다. 필요한 것은 필요한 때에 나타납니다.

의도의 씨앗 뿌리기

편안히 앉아서 허리를 바르게 세우고 양손은 가볍게
무릎 위에 내려놓거나 배꼽 아래에 포갭니다.

입술은 살짝 벌리고 혀는 입천장에 가볍게 댑니다.

몸을 풀어놓아야 신경이 이완됩니다.

신경이 이완되어야 마음이 편안해집니다.

마음이 편안해야 생각, 감정, 욕구들이 조용해집니다.

숨을 내쉬고, 들이쉬고, 내쉬면서 의식으로써 내 몸을
지켜보십시오.

숨을 깊이, 천천히 내쉬면서 '응, 좋아~' 하고 몸을 이
완하십시오.

얼굴에서 긴장을 풀며 '응, 좋아~' 하고 이완하십시오.

어깨에서 긴장을 풀며 '응, 좋아~' 하고 이완하십시오.

가슴에 답답함이나 뭉침이나 무거움이 있으면 '응, 좋
아~' 하면서 내려놓고 비워버립니다.

생각이 일어나면 그것도 '응, 좋아~' 하면서 비워버립
니다.

이렇게 이완하고 비우다 보면 깜박 졸 수도 있습니다.

졸음에 빠지지 않게 주의하십시오. 다시 숨을 들이쉬

면서 지금 이 순간으로 돌아오십시오. 살포시 눈을 떠도 좋습니다.

숨을 내쉬면서 몸을 계속 풀고, 이완하고, 내려놓고, 비우십시오.

의식의 빛으로써 내 몸 전체를 지켜보십시오.

의식으로써 비추다 보면 점점 생각이 멈추고 감정도 일어나지 않습니다. 막혔던 감각들이 열리기 시작합니다.

더 이완하고 비우고 내려놓으면, 감각조차 사라진 텅 빈 열림을 경험하게 됩니다.

이 텅 빔은 시간도 모르고 공간도 모릅니다.

이 텅 빔 속에는 오르지 텅 빔을 인식하고 있는 의식의 빛만이 있습니다.

그 의식의 빛으로써 하나의 '의도'를 그려보십시오.

그 의도가 텅 빔 속으로 쑥 빨려 들어갑니다.

그 의도를 놓아버리고 의식의 빛으로 계속 주시하십시오.

이제 그 의도는 텅 빈 창조의 장에서 새로운 변형을

일으켜, 필요한 때 필요한 모습으로 현실에서 나타날
것입니다.

숨을 가볍게 들이쉬고 내쉬면서 몸으로, 현재 순간으
로 돌아옵니다.

지금부터는 당신이 애쓰고 해야 할 일이 없습니다.

당신은 텅 빈 들판에 씨앗을 뿌렸습니다.

어떻게 꽃을 피우고 열매 맺을지는 당신이 관여할 바
가 아닙니다.

텅 빈 '본연의 나'가 알아서 당신의 삶을 이끌어갈 것
입니다.

당신이 할 일은 현재에 집중하는 것뿐입니다.

6

설렘이 있다면
그걸로 충분합니다

당신이 어떤 일을 이루고자 할 때, 그 일을 생각할 때 설렘이 있는지 살펴보십시오. 설렘은 생각이 아닙니다. 생각이 사라진 텅 빈 의식에서 일어나는 생명의 에너지입니다.

성직자나 유명인사의 강의가 우리에게 감동을 주곤 합니다. 그러나 그 감동은 오래가지 않습니다. 당신이 그 감동을 얼마 지나지 않아 잊어버리는 이유는, 그것이 당신의 것이 아니라 강의자의 것이기 때문입니다.

설렘은 외부에서 들어온 정보가 아닙니다. 당신 자신만의 것입니다. 설렘이 없는 의도는 무거운 짐과 같습니다. 당신의 무의식은 그런 의도에 반발하고 저항할 것입니다. 당신을 지치게 하고 포기하게 할 것입니다.

설렘은 가슴에서 일어나는 순수한 열정입니다. 진정 사

랑하는 사람을 만나는 것과 같은 느낌입니다. 해석 없이, 설명 없이, 판단 없이 머무는 것입니다. 거기에는 손익 계산도 집착도 교만도 없습니다. 순간순간이 만족이고 행복입니다.

'나는 왜 이 일을 하는가?'

이 일을 하지 않으면 견딜 수 없는 이유를 말하십시오. 당신이 즉시 명료하게 말할 수 있다면, 그 일은 이제 당신의 일이 아닙니다. 그 일은 전체의 일이 되었습니다. 그리고 그 일은 이미 이루어졌습니다. 당신이 진심으로 하고 싶은 그 일은 텅 빈 '본연의 나'의 일이라는 점을 명심하십시오.

많은 이들이 어떤 일을 이루고자 할 때 이해타산을 따지고 여건을 살핍니다. 혹은 애타게 요구하거나 신에게 갈구하는 행위를 진심이라고 착각하기도 합니다. 급박한 현실 앞에 생각과 마음만 앞서서 억지로 뭔가를 해내려고 애쓰는 사람들이 많습니다. 그것은 무엇인가에 쫓기는 불안한 마음이 불러일으키는 다급함일 뿐입니다.

그 마음에 설렘이라는 울림이 있는지부터 살펴보십시오. 진심이란 내가 무엇을 한다는 의식조차 없는 것입니다. 해야 할 일, 하고 싶은 일을 그냥 바로 하는 것입니다. 그 결과에 연연하지 않습니다. 오직 그것을 한다는 마음밖에 없습니다.

설렘은 자신이 설정한 의도를 향해 에너지를 하나로 일치시키는 마음입니다. 설렘으로 하나가 된 의식은 순수하고 투명합니다.

몇 년 전 지방에서 올라와 서울 근교에서 창작미술 프랜차이즈를 운영하시던 분이 저와 명상을 시작하게 되었습니다.

어느 날 그는 본사를 서울 중심가로 옮겨 사업을 크게 펼치고 싶다고 말했습니다. 저는 그에게 물었습니다.

"왜 이 일을 하려고 하십니까?"

"유년기의 아이들이 자기 재능을 알아차릴 수 있도록, 그리고 창의력을 키워 자신에게 주어진 문제를 스스로 해결할 수 있도록 도와주고 싶습니다. 교육자는 주입적인 방식을 벗어나 자신의 주관적 관점을 내려놓고 아이의 눈높이에서 거울이 되어주어야 합니다."

그는 조금의 망설임도 없이 대답했습니다. 자신이 하는 일에 대한 확고한 의지가 있었습니다.

"함께하는 선생님들도 그러한 당신의 의도를 깊숙이 이해하고 있습니까?"

"아직은 부족한 것 같습니다. 그러나 지금부터라도 다함께 그렇게 될 수 있도록 하겠습니다."

그는 청담동으로 본사를 옮기겠다는 의도를 세웠고, 함께 일하는 사람들과 많은 이야기를 나누기 시작했습니다. 점차 직원 모두가 같은 의도를 품게 되었습니다. 주변에서는 '돈도 없으면서 본사를 어떻게 옮기겠다는 거지?'라는 의심의 눈초리로 지켜보았지만, 그들은 의심하지도 신경 쓰지도 않고 그저 지금 해야 할 일에 최선을 다했습니다. 업무의 시작과 끝에 명상을 하고, 가끔 청담동에 들러 괜찮은 장소가 있는지 살펴보는 게 전부였습니다.

그러던 어느 날 마음에 쏙 드는 자리가 났습니다. '계약금은 어떻게 마련해야 할까?' 하는 걱정이 떠올랐지만, 그 순간에도 '여기로 본사를 옮길 거야'라는 확신은 변함이 없었다고 합니다. 그리고 두 달 뒤 정말 그곳으로 본사를 옮겨 제2의 성장기를 맞이하게 되었습니다.

설렘으로 가득한 의도를 행할 때는, 혹 지금 당장 결과가 눈에 보이지 않는다 해도 불안하거나 두렵지 않습니다. 즐거운 마음으로 그냥 해나갈 뿐입니다. 어찌 보면 너무나 간단하고 쉬운 일입니다. 이처럼 단순하게 행하면 기적이 찾아옵니다.

설렘은 에너지를 한곳으로 집중하는 힘이지만, 이는 집착이나 고집이 아닙니다. 집착이나 고집은 에너지를 소모하고 삶의 균형을 잃게 합니다.

설렘은 애써서 노력하고, 조급해하고, 빌고, 소원하는

것이 아닙니다. 자기 자신에 대한 신뢰로써 원하는 바를 얻어내는 생명의 에너지입니다.

1920년경, 지리산 끝자락 첩첩 두메산골에 한 아이가 어머니와 함께 살고 있었습니다. 아이의 아버지는 세 살 때 돌아가셨고, 어머니는 늘 어지럼증으로 머리가 아파서 고생하고 있었습니다. 요즈음으로 보면 본태성 고혈압이 아니었을까 합니다.

그 당시 시골에는 변변한 약 하나 없었습니다. 아이는 그것이 늘 안타까웠습니다.

어느 날인가, 서당 선생님이 지나가는 말로 "물가의 맹금쟁이를 잡아서 먹으면 어지럼증이 낫는다"고 했습니다. 그 말을 들은 아이는 그날부터 맹금쟁이를 찾아 산골을 헤매기 시작했습니다.

때는 엄동설한 1월이라 꽁꽁 얼어붙은 계곡에서 맹금쟁이를 찾는 것은 불가능한 일이었습니다. 그러나 아이는 추위도 잊은 채 오직 어머니의 어지럼증을 낫게 하겠다는 마음만으로 하루종일 맹금쟁이를 찾아다니다 어둑어둑해야 집으로 돌아오곤 했습니다.

그러기를 닷새째, 아이는 산골을 헤매던 중 개울 한가운데 얼지 않은 물에서 맹금쟁이 세 마리가 뱅글뱅글 돌고 있는 것을 보았습니다. 아이는 너무나도 기뻐하며 맹금쟁이를 잡아 옆구리에 차고 다니던 표주박에 넣고 한달음에 집으로 뛰어왔습니다. 그리고 사립문 앞에 도착하자마자 "어머니! 맹금쟁이를 먹으면 어지럼증이 낫는대요!" 하고 소리쳤습니다.

그제야 어머니는 아이가 자신을 위해서 이 추운 겨울날 몇 날 며칠 산골 냇가를 헤매다 손은 얼어 터지고 발도 빨갛게 부풀어올랐다는 사실을 알았습니다. 어머니의 눈에서는 눈물이 왈칵 쏟아졌습니다.

어머니는 "응! 그래!" 한마디 하고 그 맹금쟁이를 물과 함께 단숨에 삼켰습니다. 그것이 만일 독이었더라도 어머니는 서슴지 않고 먹었을 것입니다. 그리고 기적이 일어났습니다. 그날 이후 어머니의 어지럼증이 씻은 듯이 사라졌습니다.

한여름에 냇가에서 자생하는 맹금쟁이를 겨울에 발견하는 것은 사실 불가능한 일입니다. 현실 세계에서는 말입니다. 그런데도 이 아이 앞에는 맹금쟁이가 나타났습니다. 아이 내면의 순수한 울림이, 진심이 외부로 투영되었기 때문입니다. 이 내면의 순수한 의도에는 사사로움이 없었습니다.

한 아이가 그 의식의 틀을 벗어나는 순간 꿈이 현실로 일어났습니다. 충만해진 생명의 에너지가 시간과 공간을 초월하여 맹금쟁이를 만들어냈습니다. 또한 맹금쟁이를 먹으면 병이 나을 거라는 아이의 믿음을 어머니도 의심 없이, 온전히 받아들였습니다. 아이와 어머니가 분리된 존재가 아니라 하나가, 일체가 되었던 것입니다.

참고로 이 이야기 속의 아이는 바로 저의 아버지입니다. 그리고 아이의 어머니인 저의 할머니는 그 후로 평안하게 천수를 다하셨습니다.

다시 깨어나기

고요와 침묵 속에서 정면을 똑바로 주시하고 "나!"라고 큰 소리를 내보십시오.

그리고 그 '나'라는 존재감을 느껴보십시오.

생각이 그치고 감정도 일어나지 않은 그때, 당신은 '나'라는 정체성을 그 어디에서도 찾을 수가 없습니다. 아무것도 없습니다. 있는 것이라고는 텅 빈 듯한 느낌, 울림뿐입니다.

그 텅 빈 울림 안에도 내가 존재함을 나는 알고 있습니다.

당신이 자기 자신이라고 알아온 몸과 마음, 사고와 지식, 언어와 단어…. 이 모든 개념은 당신이 아닙니다. 당신은 살아 있는 생명이고, 창조의 에너지 자체입니다. 한계를 가진 언어나 지식으로 해석하고 받아들여 스스로를 제한하지 마십시오.

있는 그대로의 울림을 받아들이십시오. 그 텅 빈 울림은 생명의 에너지이며 '본연의 나'의 진동입니다.

텅 빈 나, 본연의 나는 누구에 의해서 창조된 존재가 아닙니다. '당신'이라는 몸을 걸치고 스스로 나타난

'나'입니다.

그 '나'는 당신이 태어났을 때도, 지금 이 자리에 있을 때도, 당신이 죽는 날에도 그렇게 존재합니다.

당신은 생각을 텅 비우는 훈련을 통해 자기 내면을 주시하고 지켜보는 '본연의 나'를 느끼고 알아차릴 수 있습니다.

삶에서 일어나서는 안 될 일은 없습니다. 인간의 편협한 개념들이 그것의 옳고 그름을 따지고 들 뿐입니다.

다시 한 번 "나!"라고 큰 소리를 내보십시오.

그 울림 속에서, 가슴을 열고 담대하고 용기 있게 현실을 창조해나가는 자기 자신을 느껴보십시오.

7

본래의 나는
두려움을 모릅니다

중심을 잡고 앞으로 나아가려는 때 문득 자신도 모르게 망설임이 일어나서 힘을 잃어버리는 경우가 있습니다. 그 원인은 두려움에서 오는 불안과 의심입니다. 어떤 목표를 이루려고 노력할 때 스멀스멀 올라오는 불안과 의심은 무의식의 자연스러운 반응입니다.

불안과 의심은 자존감을 낮추고, 나를 다른 사람과 비교해서 작고 미약한 존재로 만들어버립니다.

'잘 되겠어?'

'다른 사람도 나처럼 노력하고 있지 않겠어?'

'내가 원한다고 해서 내 마음대로 이루어지겠어? 그렇다면 성공하지 못할 사람이 하나도 없을 거야.'

'전에도 지금처럼 잘해보겠다고 뜻을 세우고 열심히 했

지만 잘 되지 않았어.'

'능력이 있어야 성공하는 거야.'

'머리가 좋아야 공부를 잘하지.'

'보통 사람은 그냥 주어진 대로 사는 수밖에 없어.'

'성공할 수 있다는 말에 속는 사람이 어리석은 사람
이야.'

이러한 머릿속 속삭임으로 인해 꿈을 포기하게 됩니다.
여기에 이미 지나간 실패 경험이 덧붙어 자기비하라는 후
유증까지 남기도 합니다.

하지만 두려움이 일으키는 불안과 의심은 지금까지 살
아오면서 주어진 정보와 경험의 산물입니다. 생존본능의
자연스러운 반응입니다.

그것을 직면하십시오. 그 불안과 의심을 해석하지도,
부정하지도 마십시오. 있는 그대로 인정하고 수용하십시
오. 그저 지금 해야 할 일에 집중하십시오.

의심에 대항하여 맞서거나 이기려고 하지 말고, 애써
외면하거나 피하려고도 하지 마십시오. 그러한 노력은 불
안과 의심을 커지게 할 뿐입니다.

두려움의 원인은 더 가지려는 욕심에서 일어납니다. 욕
심을 놓아버리면 두려움도 사라집니다. 나를 힘들게 하는
것들은 나의 외부에 있지 않습니다. 나의 집착이 두려움과
의심을 키웁니다.

우리는 태어날 때 가져온 것이 없습니다. 살면서 필요에 의해 내 주변의 것들을 사용하고 있을 뿐입니다. 그러니 빼앗길 것도 없고 더 가지지 못한다고 아쉬울 것도 없습니다. 내가 가져온 것이 없으니 죽을 때 다시 가져갈 것도 없습니다. 그저 지금 살아 있는 것 자체가 기적이고 축복입니다.

우물 안에 어린 청개구리 한 마리가 살고 있었습니다. 우물 안에서 태어나서 우물 안에서만 살아온 청개구리에게는 그곳만이 유일한 세상이었습니다. 우물에 비친 작은 하늘이 우주의 전부였습니다. 개구리는 그 우물 안에서 공부도 하고, 놀기도 했습니다.

그러던 어느 여름날, 폭우가 쏟아져 우물물이 밖으로 넘칠 지경이 되었습니다. 우물물이 불어나자 청개구리는 불안과 공포에 휩싸이게 되었습니다. 신에게 살려달라고 빌고 또 빌었지만 물은 점점 더 불어 마침내 우물 밖으로 넘쳤습니다.

넘치는 물과 함께 난생처음 우물 밖으로 나온 청개구리가 바라본 세상은 너무나 경이로웠습니다. 자신이 지금까지 보고 느꼈던 세계가 전부가 아니었음을 비로소 알게 되었습니다. 개구리는 우물 밖의 푸른 숲과 하늘의 무지개를 보며 환희와 신비로움을 느꼈습니다.

우물을 벗어난 청개구리는 이제 근처 호수에서 살아가게 되었습니다. 그 호수에서 사는 개구리들에게는 대대로 전해 내려오는 전설이 하나 있었습니다.

"호수보다 더 크고 넓으며 끝이 보이지 않는 푸른 바다가 어디엔가 있어. 그 바다에는 호수에서는 볼 수 없는 온갖 것이 다 있대."

그러나 그곳을 경험하고 돌아온 개구리는 하나도 없었습니다. 이 청개구리는 직접 그 푸른 바다에 가보는 꿈을 꾸기 시작했습니다.

어느덧 청년이 된 청개구리는 주변의 만류에도 바다를 향해 떠나기로 했습니다. 하지만 바다가 어디에 있는지, 어느 쪽으로 가야 하는지 아무것도 알 수가 없었습니다.

다른 개구리들은 푸른 바다는 실제로 존재하지 않는 환상의 낙원, 신기루 같은 곳이라고 하며 청개구리를 말렸습니다. 청개구리가 어리석고 무모하다고 비난하는 개구리도 있었고, 그의 용기를 부러워하는 개구리도 있었습니다.

청개구리는 그 마을을 떠나기 전에 다른 개구리들에게 말했습니다.

"저는 이제 전설을 찾아 떠납니다. 돌아오지 못할지도 모릅니다. 그러나 이것만은 기억해주십시오. 푸른 바다의 전설로 인해 깨어나서, 그것을 현실로 만들기 위해 떠난 자유로운 마음의 개구리가 우리 마을에 있었다고. 돌아올 수 있을지 아닐지는 이미 저의 의지와는 상관없는 일이 되었습니다. 오르지 저는 최선을 다할 뿐이고, 결과는 하늘에 맡기겠습니다."

호수는 떠난 청개구리는 며칠을 가다가 목이 말라 작은 개울가를 찾았습니다. 물을 마시려고 하니 개울 안의 개구리 한 마리가 눈을 부릅뜨고 큰 소리로 말했습니다.

"너 누구야? 여긴 나의 개울이야."

"나는 호수에 살던 개구리인데 바다를 보기 위해 길을 가던 중 목이 말라 여기에 왔어."

그러자 개울 안의 개구리는 두 눈을 희번덕거리면서 물었습니다.

"뭐라고? 호수에 살았다고? 네가 살았던 호수가 이 개울보다 크니?"

"호수와 이 개울은 비교 대상이 아니야. 너의 이 작은 개울은 호수에 비하면 한 뼘도 되지 않아. 이제 너도 개울에서 나와서 나와 함께 바다를 보러 떠나지 않을래?"

그 말을 들은 개울 안의 개구리는 화를 냈습니다.

"야! 너 거짓말쟁이구나. 내 개울을 뺏으려고 수작을 부리고 있잖아. 이 개울이야말로 세상에서 가장 넓고 멋진 곳이야."

청개구리는 웃으면 말했습니다.

"그래, 너의 마음을 이해 못하는 것은 아니야. 너는 '과거의 나'이거든. 만약 내가 바다를 찾은 후 살아서 돌아온 다면 반드시 이 개울로 돌아와 너에게 내가 살았던 호수를 보여줄게."

이미 청개구리의 마음속에서 바다를 찾고 말고는 중요한 일이 아니었습니다. 그는 열린 마음으로 자신이 타고난 운명, 즉 환경과 한계를 벗어나서 스스로 하고 싶은 일을 하고 자유를 얻었습니다.

곧 그의 앞에는 진짜 바다가 나타날 것입니다. 그리고 그는 그것을 호수의 모든 이에게 전할 것입니다.

우리는 우리가 알고 있는 작은 공간과 시간의 틀 속에서 그것이 세상의 전부인 양 살아가고 있습니다. 우리를 붙잡고 가로막는 두려움과 고통이 사실은 청개구리의 의식 속에서 펼쳐진, 우물 밖에 대한 막연한 두려움과 똑같은 것임을 알아차리십시오.

우리의 무의식 깊은 곳에는 '사라짐'에 대한 두려움이 있습니다. 나의 정체성이 무너지고, 내가 나를 잊어버릴까 봐 두렵습니다. '작은 나'의 영원한 소멸이 두려운 것입니다. 그것이 현상에 더 집착하게 만들고 몰두하게 하여 고통에 빠지게 합니다. 그리고 내 안의 텅 빈 '본연의 나'와 멀어지게 합니다. 이 사실만 자각해도 당신은 고통에서 벗어납니다.

당신은 자신을 무엇이라 생각합니까? 몸이 당신입니까? 마음이 당신입니까? 몸과 마음으로 이루어진 '작은 나'를 나라고 생각합니까?

여덟 살 때의 저는 몸이나 마음을 '나'라고 보았기에 어둠이 내린 언덕길에서 나병 환자와 마주치고는 두려움에 휩싸여 발걸음을 떼지 못했습니다. 내 존재의 전부라고 생각한 몸이 훼손될까 봐 두려움으로 가득 찼던 것입니다.

당신 자신을 고요히 들여다보십시오. 당신 내면의 두려움은 어디에서 왔으며 정체가 무엇입니까? 두려움에 떨던 아이가 '온전한 나'로 깨어났듯이, 당신도 두려움이라는 가죽을 찢고 영원불멸한 '본연의 나'를 만날 수 있습니다.

그러나 두려움으로 가득 찬 어린아이 같은 어른들이, 아직 깨어나지 못한 사람들이 오늘도 저를 찾아옵니다. 오랫동안 꾸려온 사업체를 계속 이어갈 수 있을지 포기해야 할지 고민에 빠진 사장, 서로 너무나 부딪쳐서 사는 게 사는 게 아니니 차라리 함께 죽고 싶다는 모녀, 약을 먹으면 다음 날의 아침이 두렵고 약을 먹지 않으면 기나긴 밤이 두렵다는 불면증 환자…. 이 모든 일은 하나의 현상일 뿐입니다.

저는 그들에게 묻습니다.

"텅 비어서 충만한 본연의 나를 만난 적이 있습니까?"

그러면 그들은 무슨 말인지조차 모르겠다고 합니다. 그런 울림을 느낀 적도 한 번도 없다고 합니다. 과연 그럴까요?

우리는 일상에서 문득문득 그것을 보고 느낍니다. 학창 시절 밤늦게까지 도서관에서 공부에 집중하다가 어둑해진 밖으로 나올 때, 문득 밀물처럼 밀려오는 가슴 뿌듯함을 느껴본 적이 있을 것입니다. 어린 시절 평상에 누워 밤하늘의 빛나는 무수한 별빛을 보았을 때의 경이로움, 이른 아침 공원을 산책하다 마주친 야생화가 주는 신비로움…. 바로 이것이 텅 빈 나의 울림입니다.

텅 빈 나에게는 두려움이 없습니다. 고통이 없습니다. 텅 비어서 충만한 빛이자 사랑입니다. 그것이 당신 안에 머물고 있습니다. 당신 안에는 영원불멸한, 텅 빈 '본연의 나'가 있습니다. 그것이 당신의 씨알이자 전체입니다.

불안과 의심이 일어나면 그것이 당신의 몸 어디에서 반응하고 있는가를 알아차리고 그 느낌에 집중해야 합니다. 그것만으로도 불안과 의심이 사라지곤 합니다.

그 불안과 의심을 갖고 있는 것은 '작은 나'임을 아십시오. 그것들을 지켜보는 주시자로서 존재하십시오. 불안과 의심을 당신 자신과 분리하여 바라보십시오. 불안과 의심은 어떤 자극에 대한 몸의 단순한 반응일 뿐입니다.

앞에서 설명한 바와 같이, 우리 의식의 배경은 텅 빈 스크린입니다. 그 위에 어떤 영상들이 비쳤다가 사라지기를 반복하지만, 그것들은 내가 아닙니다. '본연의 나'는 그저 텅 빈 배경일 뿐입니다.

당신의 소중한 에너지를 일시적 영상들에 낭비하지 마십시오. 변하지 않는 영원한 것을 탐구하고 그것을 잡으십시오.

두려움 마주 보기

편안히 앉아 허리를 바르게 세웁니다.

양손은 가볍게 무릎 위에 내려놓거나 배꼽 아래에 포 갭니다.

입술은 살짝 벌리고 혀는 입천장에 댑니다.

몸이 편안해야 신경이 이완됩니다.

신경이 이완되어야 마음이 평안해집니다.

마음이 평안할 때 생각, 감정, 욕구들도 조용해집니다.

숨을 깊이, 천천히 내쉬면서 몸을 이완합니다.

얼굴의 긴장을 풀고 '응, 좋아~' 하고 이완하십시오.

어깨의 긴장을 풀고 '응, 좋아~' 하고 이완하십시오

가슴의 긴장을 풀고 '응, 좋아~' 하고 내려놓고 비웁 니다.

생각과 감정의 덩어리들은 가슴에 뭉쳐 있습니다.

생각이 일어나면 '응, 좋아~' 하고 내려놓고 비웁니다.

생각은 항상 과거와 미래로 흘러갑니다.

숨을 가볍게 들이쉬면서 지금 현재로 돌아옵니다.

숨을 가볍게 내쉬면서 몸을 더 깊이 이완합니다.

숨을 가볍게 들이쉬고 내쉬면서 몸을 더 깊이 이완

합니다.

의식의 빛으로써 내 몸 전체를 지켜보십시오.

내 불편한 감정의 에너지가 몸 어디에 머물고 있는지 탐색하십시오.

막혀 있는 그 부위로 들어가십시오.

'여기 있는 이 답답함은 무엇일까?'

'무엇이 나를 불안하고 초조하게 할까?'

'이 불안함은 어디에서 왔을까?'

질문을 던지며 더 깊이 들어가서 탐색합니다.

숨을 가볍게 들이쉬고 내쉬면서, 내 몸을 풀고 이완하고 비우고 내려놓기를 반복합니다.

의식의 빛이 내 몸과 마음을 벗어나지 않도록 계속 주시하십시오.

이처럼 이완하고 비추다 보면, 답답하게 뭉쳐 있던 에너지들이 옅어지고 안개가 걷히듯 서서히 사라집니다.

불안, 초조함, 생각으로 인해 막혔던 곳이 뚫리고, 풀리고, 열리고, 순환하기 시작합니다.

화와 분노와 불안과 긴장이, 두려움과 욕심이 사라지

고 텅 빈 공간이 나타납니다.

더 이완할 것도, 더 비울 것도, 더 내려놓을 것도 없게

됩니다.

그 텅 비어 있음이 곧 나입니다.

8
공도의 이를
행하십시오

원하는 것을 현실로 이루는 데 또 한 가지 중요한 핵심이 있습니다. 설렘과 진심이 있어야 함은 물론이고, 자기 자신뿐만 아니라 모든 이에게 이로운 '공도公道의 이利'를 행하라는 것입니다.

저는 평소에 만나는 이들에게 끊임없이 '공도의 이'를 행하라고 강조합니다.

공도의 이로움이란 너와 내가 둘이 아니고 본래 하나이니, 너를 이롭게 하는 것이 곧 나를 이롭게 하는 것이라는 뜻입니다.

한 인간이 앞을 향해 한 발 걸어 나간다는 것은, 달리 보면 대지가 한 인간을 앞으로 밀어내고 자신은 뒤로 밀어내는 것이라고도 할 수 있습니다. 풍선의 한쪽을 누르면 다른 쪽이 부풀어 오릅니다. 이렇듯 대자연에 존재하는 모든 사물은 상호작용에 의해 에너지를 주고받습니다.

우주는 한 점에서 빅뱅을 일으켜 만물로 분화, 진화했습니다. 모든 삼라만상은 그 일점에서 분화해 나왔으니, 그 일점이 우주이고 우주가 일점입니다. 그렇기에 한 인간이 우주와 동화될 수 있고 우주 전체를 한 인간의 모습에서 찾을 수 있습니다.

성서에는 예수님이 아흔아홉 마리 양을 두고 한 마리 양을 찾아가는 이야기가 있습니다. 다른 많은 양들을 두고 한 마리의 양을 찾기 위해 애쓴 이유는, 잃어버린 그 양이 바로 우주이며 예수님 자신과 같기 때문입니다.

어떤 깨어난 자가 이렇게 말했습니다.

"나의 자리는 평화와 고요의 자리입니다. 밖에서 고통받는 이들은 나의 자리에 들어오십시오. 여기가 행복입니다."

그는 텅 빈 의식은 보았을지 모르지만 충만한 울림은 느끼지 못했을 것입니다. 만약 충만한 울림을 느꼈다면 홀로 그 평화의 자리에 가만히 머물 수는 없었을 것입니다.

텅 빈 의식 속의 충만한 주시자가 되면 예수가 십자가를 받아들인 이유를 알게 됩니다. '나' 밖의, 고통 속에 있는 '또 다른 나'인 다른 사람들과 고통을 함께 나누게 됩니다. 낙타가 바늘구멍에 들어가는 것만큼 들어가기 어렵다는 '천국'이란 것은 바로 이 텅 빈 충만함의 다른 이름일 것입니다.

한 개인이 외부로 발산한 에너지는 먼 바다에서 강으로 돌아오는 연어처럼 다시 자신에게로 돌아옵니다. 그러므로 지금 이 순간 내가 어떤 생각과 말과 행동을 하느냐가 나뿐만 아니라 주변의 모든 이에게 직간접으로 영향을 주게 됩니다.

상대를 이롭게 하는 것이 결국 나를 이롭게 하는 것이니 내가 행복해지는 길입니다. 나를 위해 한 일이니 잘했다고 자랑할 필요도, 교만을 부릴 필요도 없습니다. 대가를 바랄 수는 더더욱 없습니다.

누군가 묻습니다.

"그럼 나의 인생, 나의 정체성은 어디서 찾아야 하나요?"

지금까지의 고정관념을 뛰어넘어 발상의 전환을 해야 합니다. '나만의 인생, 나만의 삶'에서 벗어나서 모든 사람의 인생이 내 인생이 되도록 자신을 확장한다면 이 세상엔 어떤 일이 벌어질까요?

예전에 사무실에 페인트칠을 해주러 오셨던 분이 제게 물었습니다.

"명상이란 경제적으로 여유가 있어야 할 수 있지, 우리처럼 하루 벌어서 먹고사는 사람들이 명상이라는 것을 할 수 있겠습니까?"

말에 가시가 있고 뼈가 있습니다. 저는 이렇게 말했습니다.

"등 따시고 배부르면 명상 안 합니다. 마음이 평화롭고 여유롭고 하는 일마다 잘 되면 명상을 왜 합니까? 지금의 삶이 고단하고 때로는 일이 꼬여 고통스럽기에 명상을 하는 것입니다."

제 말에 그분의 눈빛이 달라졌습니다. 그는 조금 진지해진 태도로 다시 물었습니다.

"그러면 우리 같은 사람도 명상을 할 수 있습니까?"

"네. 지금 페인트칠을 하는 것도 명상입니다. 제가 하나 묻겠습니다. 어떤 마음으로 페인트칠을 하십니까?"

"솔직히 말씀드리면 일을 빨리 끝내고 일당 받아 퇴근하고 싶다는 마음입니다. 그렇게 즐거운 일이 아닙니다. 먹고 살려고 하는 것이지요."

"좋습니다. 그 마음에 하나만 더 보태면 명상이 됩니다. 나의 이 페인트칠로 인하여 이 공간에 들어오게 될 모든 사람이 아름다움을 느끼고 평안한 마음을 가졌으면 하는 바람(의도)으로 일을 해보십시오. 그리고 그럴 수 있음에 감사하는 마음을 가져보십시오. 그러면 아마 3년 안에는 도장업체 사장님이 되실 겁니다."

마지막 말은 저도 모르게 나온 말이었습니다.

그 후 시간이 한참 흘러 사무실에 누가 찾아왔다고 해서 만나보니 신사 한 분이 자신을 기억하느냐고 물었습니다. 저는 뵌 적이 없는 분인 듯해서 솔직히 기억이 나지 않는다고 했습니다.

"제가 3년 전에 이 사무실에 페인트를 칠한 사람입니다."

그는 선물이라며 제게 양주 한 병을 내밀었습니다. 그는 그때 저와 나눈 이야기를 항상 기억하면서 일을 했다고 합니다. 처음에는 긴가민가했지만, 명상을 하는 마음으로 일하다 보니 이 일이 진심으로 즐겁고 기뻐지더랍니다.

그리고 어느 날, 자신에게 일감을 주던 도장업체 사장님이 이민을 가게 되면서 그 점포를 현시세의 반값에 넘기고 대출까지 알선해주어 지금은 사장님이 되어 있다고 합니다. 대출도 거의 다 갚아가고 있는 중이라고 합니다. 저는 그가 준 양주를 고맙게 받아서 제가 사무실을 열도록 도와준 친구에게 다시 선물로 주었습니다. 그리고 온 우주에 감사드렸습니다.

그분은 자신이 하고 있는 페인트칠을 통해서 모든 이가 행복해지길 바라고 원했습니다. 그리고 온전하게 자신의 일을 받아들이고, 마음에서 우러나오는 감사를 일상에서 실천했습니다. 그 결과 하루하루를 근근이 살아가던 일용직 노동자에서 자기 사업을 하는 사장님이 되었습니다.

자기 자신뿐 아니라 모든 이를 이롭게 하는 일을 할 때 우리는 그들로부터 도움의 에너지를 받게 됩니다. 그것이 우리가 공도의 이를 행하는 이유 중의 하나입니다. 계산하지 않는 순수한 마음으로 생활 속에서 이로움을 펼치는 것은 '텅 빈 나', '본연의 나'의 마음으로 하는 것이기 때문에 좋은 결과가 저절로 따라옵니다.

사람들은 누구나 지금보다 더 나은 삶을 살고자 하고 풍요로워지기를 원합니다. 그러나 실제로 그런 바람대로 사는 사람은 10퍼센트도 안 됩니다. 그 이유는 '뭐 잘 되겠지? 안 되면 말고'라는 막연한 기대심리밖에 없기 때문입니다. 그런 마음은 불확실한 현실을 불러올 뿐입니다. 반면 먼저 분명한 의도를 세우고, 그다음 텅 빈 상태에서 현실을 충실히 살아간다면 머지않아 꿈은 현실이 됩니다. 그러기 위해서는 지속적인 노력과 훈련이 필요합니다.

나의 가족에게만 이로운 일을 바란다면 당신은 당신의 가족에게서만 도움의 에너지를 받을 수 있습니다. 그런데 이 사회를 이롭게 하고, 이 국가를 이롭게 하고, 인류를 이롭게 하고, 온 세상을 이롭게 하겠다는 의도를 지니고 살아간다면 온 세상으로부터 도움의 에너지를 받을 수 있습니다.

온 세상에서 도움의 에너지를 받고 싶다면, 첫째로 나와 함께 살아가는 가족, 그리고 만나고 헤어지는 주변의 사람들 전부를 소중히 하고 존중하십시오. 그들이 단지 모습이 다를 뿐인 '또 다른 나'임을 명심하십시오.

둘째로, 내 주변의 모든 사물을 소중히 다루고 감사한 마음을 가지십시오. 지금 내가 사용하고 있는 책상, 연필, 종이, 전구 하나까지도 함부로 취급하지 마십시오. 종이가 없고 연필이 없다면 내 뜻을 전달할 수도 없고, 공부를 할 수도 없을 것입니다. 전등이 있기에 어두운 밤에도 책을 읽을 수 있습니다. 그런 사물들이 있기에 내가 편리하게 내 뜻을 펼칠 수 있으니, 그것들을 소중히 여기는 것은 당연한 일입니다.

조금 더 깊이 들어가보면, 사물들도 나와 다를 바가 없습니다. 내가 죽고 땅에 묻히면 내 몸은 나무의 영양분이 되어 나무를 성장하게 합니다. 그 나무로 종이가 만들어지니, 종이와 나는 다르지 않습니다. 또한 사물들은 각기 자신의 에너지를 발산합니다. 그리고 그 에너지들이 지금도 나에게 영향을 미치고 있습니다.

셋째로, 결과에 초점을 두지 마십시오. 자기 일의 가치를 알고 거기에만 몰입하십시오. 지금 내가 하고 있는 일이 어떤 식으로든 나와 내 가족, 조직과 국가, 나아가서 인류에게 도움이 되도록 하십시오. 긍지를 갖고 자신의 일에 집중하십시오. 내 직업이나 활동이 이 세상에, 모든 이에게 기쁨과 즐거움을 주도록 하십시오.

만약 식당을 운영하고 있다면, 그 식당에 들어오는 이들에게 건강함을 주고 그렇게 건강해진 사람들이 또 다른 이들에게 기쁨을 전파했으면 하는 바람으로 경영하십시오. 그러면 당신도 어느새 풍요로운 사람이 되어 있을 것입니다.

만약 건물 짓는 현장에서 벽돌을 나르고 있다면, 당신이 나르는 벽돌 한 장 한 장이 튼튼하게 쌓여 실용적이고 아름다운 집이 만들어지기를 바라십시오. 그곳이 사람들에게 평안함과 휴식을 제공하는 공간이 되기를 바라는 마음을 갖고 일하십시오.

당신이 어떤 마음을 가지고 일하느냐에 따라 결과가 달라집니다. 잡초 씨앗을 뿌리면 잡초가 자라고, 호박씨를 뿌리면 호박이 열립니다. 씨앗이 곧 열매이자 수확물이며 결과물입니다.

내가 돈을 벌고 나와 내 가족이 잘 살기 위해서 일하는 차원을 넘어서십시오. 현실이 그렇지 않아 보이더라도, 마음으로 그렇게 한번 해보십시오. 모든 사람에게 이로움을 주는 일로 만드십시오. 그러면 예상치 못한 방식으로 온 세상이, 온 우주가 나를 도와줄 것입니다.

지금 당신에게 주어진 일은 당신의 욕망이 투사되어 현실로 드러난 것입니다. 그러므로 지금 주어진 일을 충실히 하는 것이 곧 당신의 욕망을 이루는 길입니다. 그것이 당신을 이롭게 하는 길입니다. 그리고 다른 이들에게도 이로움을 주는 길입니다. 당신의 욕망의 에너지를 더 크게 확장시키는 길입니다. 반면 지금 하는 일을 등한시하거나 게을리한다면, 그것은 당신이 자기 욕망을 스스로 거부하는 것이기에 에너지가 축소될 수밖에 없습니다.

명심하십시오. 작은 일일지라도 큰 의도를 품고 행하십시오.

조바심과 걱정은 하늘에 맡기고 지금 주어진 일에 몰입하십시오.

그러면 저절로 우주와 감응된 나를 발견하게 됩니다.

우리가 살면서 흔히 하게 되는 커다란 착각이 있습니다. 자신에게 주어진 재능과 실력을 제대로 발휘하지 않고 주변 환경이 대가를 주는 만큼만, 즉 '연봉'만큼만 혹은 인정받는 만큼만 일하겠다는 생각이 바로 그것입니다. 우리는 마치 그것이 영리한 태도인 양 여깁니다.

우리의 능력과 재능은 놋그릇과 같아서 쓰면 쓸수록 빛이 납니다. 그 빛이 주변을 밝혀 이롭게 합니다. 그러나 쓰지 않으면 이내 녹이 슬고 점점 주변도 어두워집니다.

하늘은 스스로 돕는 자를 돕습니다. 자신이 가진 재능과 실력이 큰지 작은지는 중요하지 않습니다. 어떤 일이 자신에게 주어지든 그것을 즐겁게 탐구하고, 배우는 자세로 몰입하십시오. 그러면 하늘은 당신에게 할당된 에너지의 양을 더 크게 늘려주고 당신의 삶을 풍요롭게 만들어줍니다.

우리가 사는 세상에서 공짜로 주어지는 것은 없습니다. 자신이 뿌린 만큼에다 하늘의 축복이 더해져서 이루어질 뿐입니다. 이것이 현실 세계를 진정 지혜롭게 사는 길입니다.

생명의 본성 자체가 '공도의 이'로써 작용하고 있습니다. 당신의 몸을 관찰해보십시오. 하나의 세포가 다른 세포들과 조화를 이루어 조직을 구성하고 생명을 유지합니다. 이렇게 조화가 이루어질 때, 개체(세포)의 욕망은 전체(몸)를 유지하고 성장시키는 데도 이롭게 작용합니다. 이것이 우리의 본성이고 자연의 순리입니다.

외과 의사로부터 전해 들은 흥미로운 이야기가 있습니다. 태아가 다섯 달쯤 되면 손의 형태가 나타난다고 합니다. 그런데 손이 어떻게 다섯 손가락의 온전한 형태를 갖추는가 하면, 그 이외의 세포들이 스스로 죽기 때문이라고 합니다. 이것은 전체의 진화를 위해 흔히 일어나는 현상입니다.

야구에는 '희생번트'라는 것이 있습니다. 팀의 이로움을 위해 타자가 자기 욕심을 내려놓는 것인데, 팀에 이로운 일이 결국 자기에게도 이로운 일이기 때문에 가능한 전술입니다. 그런데 야구를 전파하기 위해 야구 불모지인 라오

스에 갔던 이만수 감독(전 SK)은 이 '희생번트'를 설명하는 일이 가장 어려웠다고 합니다. 야구라는 게임 자체가 낯설다 보니까, 왜 내가 다른 사람을 위해 희생해야 하는지를 잘 이해하지 못하더라는 것입니다.

당신의 직업이 무엇이냐가 중요한 것이 아닙니다. 당신이 그 일을 대하는 태도에 가치를 두십시오. 당신의 생계가 걸린 그 일에 충실하십시오. 그 일을 당신과 다른 모든 이를 위한 이로움의 관점에서, 긍지를 갖고 바라보십시오. 그렇지 않으면 그것은 그저 먹고 살기 위한 일밖에 되지 않습니다.

당신이 하는 일이 당신과 다른 모든 이에게 기쁨과 즐거움을 주도록 하십시오. 순수한 마음으로 공도의 이로움을 실천하십시오. 당신이 지금 이 세상에 있는 이유는 당신에게 주어진 에너지를 잘 사용하기 위해서입니다. 나와 타인을 위해서 에너지를 잘 사용하십시오.

'공도의 이'란 당신의 욕망의 이로움을 통해 타인을 이롭게 하는 것입니다. 당신의 몸과 마음은 당신이 '공도의 이'를 행할 때 그것을 직감적으로 알고 기뻐합니다. 만약 의무감에서 억지로 행하려 한다면 기대심리와 보상심리가 작용해서 고통을 불러일으킬 수도 있습니다. 이것을 성경에서는 "오른손이 하는 일을 왼손이 모르게 하라", 불교에서는 '무주상보시無主相布施'라고 표현합니다.

'공도의 이'를 행하는 것이야말로 당신의 의식이 확장되고 깊어지는 길입니다. 텅 빈 본연의 나와의 만남입니다.

우리는 어떻게 살아야 하나요?

우리는 어떤 삶을 살아야 하나요?

저를 일깨워서 흔들리지 않는 삶의 방향을 설정해준 것은 힘든 수행이나 수련이 아니었습니다. 종교의 경전도, 초월적인 현상이나 힘도 아니었습니다. 대학 1학년 때 교양영어 수업에서 읽었던 어느 수필가의 짤막한 글, 그가 친구와 나눈 대화 내용이었습니다.

"만약 죄지은 자를 심판하고 벌하는 창조주인 신이 존재하지 않고, 죽음 후의 상과 벌을 내리는 내세가 없다면 나는 내 마음대로 욕망을 채우고 막 살아갈 것이다."

친구의 이 말을 듣고 그 수필가는 다음과 같이 말했다고 합니다.

"그러면 너는 그렇게 살아라. 창조적인 신이 있든 없든, 선과 악에 따라 내세가 결정되든 아니든 그것은 나에게 중요하지도 않고 별 의미도 없다. 나는 문명인이다. 의식을 지닌 한 인간으로서 앞선 선배들, 동료들의 도움에 의해 살아왔고, 살아가고 있다. 그러므로 나는 내가 누리고 받았던 것을 재정립해서 열린 마음으로, 나와 함께하는 이들과 후배들에게 전해주어야 한다. 그것이 문명인의 삶이고 도리다. 그것이 현재를 사는 것이다. 그렇게 하는 것이 조금이나마 빛을 갚는 길이다."

이 구절을 읽는 순간 저는 머릿속에서 큰 징소리가 울리는 느낌을 받았습니다. 이런 삶이 곧 '공도의 이로움'입니다.

동양 고전을 배울 때도 〈대학〉의 첫 장에서 '명명덕^{明明德} 재신민^{在新民} 재지어지선^{在止於至善}'이라는 글을 보았습니다. '내가 본래 밝고 밝음임을 알았습니다. 그 밝음을 전해주니 새롭게 깨어났습니다. 이것이 궁극의 이로움입니다'라는 뜻입니다. 2,400년 전 동양인의 마음이나 20세기 서양인의 마음이나 다를 바가 없음을 알 수 있습니다.

죽음은 내가 관여할 일이 아닙니다. 미래를 염려하는 것은 망상입니다. 현재 일어나고 있는 일, 그리고 지금 당신이 하는 말과 행동이 진실입니다. 이 진실에 충실하십시오. 삶과 죽음은 분리된 것이 아닙니다. 하나입니다. 하나인 현재를 놓치지 마십시오.

젊은 시절, 저는 군대 제대 후 복학할 때까지의 여유시간에 팔공산 산장에 머물렀습니다. 그리고 산장 아래의 작은 암자인 염불암에서 장작을 패주며 수련을 하곤 했습니다.

따뜻해진 볕에 쌓인 눈이 녹기 시작하던 어느 날, 암자의 작은 마루에 앉아 있던 한 노부부가 잠시 흐르는 땀을

닦으며 서 있는 저를 보고 "학생, 좀 쉬었다 하지?"라고 말했습니다. 그렇게 우리는 대화를 나누게 되었는데, 불쑥 부인이 남편에게 이렇게 말하는 게 아닙니까.

"여해 선생이 이 학생을 거두어보죠?"

그것이 여해 사부님과 저의 첫 만남이었습니다. 저는 그날로 산을 내려와 사부님으로부터 역학과 동양사상을 배우게 되었습니다. 그때까지 혼자서 아무리 공부해도 풀리지 않던 부분들이 실타래처럼 풀리기 시작하니 참으로 흥미로웠습니다. 사부님은 운명 이전의 본질, 근원의 흐름을 보셨지만 아무에게나 그걸 알려주지는 않으셨습니다. 다만 배우고자 하는 몇몇 사람들에게만 당신이 이루어놓은 바를 전해주셨을 뿐입니다.

아무튼 사부님과의 마지막 만남도 첫 만남처럼 범상치 않았습니다. 사부님이 생각에 잠기신 것 같기에 조용히 차를 마시며 대화를 나누던 우리 동문들이 문득 평소와 다른 서늘한 기운을 동시에 느꼈습니다. 고작 몇 발자국 떨어진 곳에 앉아 계시는 사부님에게서 뭔가 알 수 없는, 말로 표현할 수 없는, 싸하면서도 환한 느낌이 전해졌습니다. 깊은 고요이자 침묵이었습니다.

저는 사부님에게 다가가 좌탁 위에 놓인 손을 잡았습니다. 잡는 순간 세상을 떠나셨다는 사실을 알 수 있었습니다. 맥이 느껴지지 않았습니다. 저 자신도 모르게 눈물이 왈칵 쏟아졌습니다.

옆방의 사모님에게 이 사실을 전하러 가니 저를 보자마자 이렇게 말씀하셨습니다.

"여해 선생이 떠났지? 며칠 전부터 아이들이 오면 어떤 말을 할지 고민하시더니…. 사랑하는 제자들 곁에서 평화 속으로 가셨으니 슬퍼하지들 마라."

우리가 바라는 죽음이 바로 이런 것 아니겠습니까?

살면서 내가 공부하여 깨우치고 누렸던 것을 다듬고 재창조하여 다음 세대에 전해주는 것, 그리고 죽음을 맞이하는 순간까지 그것을 몸과 마음으로써 실행하여 본 보여주는 것.

만들어진 의식의 틀을 벗어나 텅 빈 본연의 나를 만난다면 죽음의 순간에도 이처럼 평화로울 수 있습니다. 죽는 순간에조차 또렷한 의식을 지니고서 다음 생으로 나아가는 것입니다.

요즈음에도 저는 명상이나 침묵 중에 사부님이 항상 가까이에서 함께하고 계시다는 것을 느낍니다.

"염려 마라. 모든 일은 순리대로 흐르고 있다! 이 세계는 거대한 의식의 강물과도 같다. 네가 바라고 원하는 모든 일이 지금 이 순간에 일어나고 있다."

우주와 감응하기

무언가와 감응하고자 한다면 생각이나 개념이 일어나지 않게 해야 합니다. 오감이 그 대상과 만날 때, 만들어진 의식의 틀이 작용하지 않아야 합니다. 순수한 느낌, 에너지 그 자체로만 존재해야 합니다.

숨을 깊이 내쉬고, 들이마시고, 다시 내쉬면서 생각이나 감정, 느낌을 내려놓습니다.

숨은 평상시처럼 편히 쉬면 됩니다. 의식적으로 길게 내쉬거나 멈출 필요가 없습니다.

몸을 이리저리 움직여 안정된 자세를 취하십시오. 앉아서 등받이에 기대도 좋고, 서서 해도 괜찮습니다.

어깨에 힘을 뺍니다. 몸과 마음의 긴장을 풉니다.

몸과 마음이 이완되어야 생각, 감정, 욕구들이 잠잠해집니다.

눈을 밝게 뜨고, 감응하고자 하는 대상을 똑바로 바라보십시오.

이번에는 눈을 감고, 그 대상을 의식으로써 바라보십시오.

이번에는 그 대상이 내 의식(마음) 안에서 어떻게 보여지고 나타나고 있는가를 바라보십시오. 즉, 그 대상을 보고 있는 '나의 의식' 자체를 바라보십시오. 달리 표현하자면, 의식으로써 그 대상을 보고 있는 나를 바라보십시오.

생각이 일어나면 숨을 내쉬면서 '응, 좋아~' 하고 되뇌며 다시 그 대상을 바라보고 있는 나에게로 돌아옵니다.

생각은 하늘에 떠다니는 구름과 같습니다. 저절로 일어나고 내가 붙잡지 않으면 사라집니다.

대상을 향하던 의식의 빛이 당신의 내면을 환히 비춥니다. 생명의 에너지는 당신을 벗어나서 밖으로 환히 열립니다. 당신의 의식이 우주 전체와 연결된 하나의 그물망이라는 것을 느끼게 됩니다.

더 깊이 주시하면, 당신이라는 작은 생각의 존재는 사라지고 거기에 그 바라보는 대상만이 있음을 알아차리게 됩니다.

더 이완하고 주시하면, 그 대상이 당신과 다르지 않음을 알게 됩니다.

어느 순간 나도 대상도 사라집니다.

하나의 개체가 전체가 됩니다.

전체 속에 내가 있는 것이 아니라 전체가 곧 나임을

알게 됩니다.

나는 텅 빈 충만 그 자체입니다.

9
빛과 어둠은
둘이 아닙니다

서점마다 자기계발에 관한 책, 명상에 관한 책, 원하는 것을 얻는 방법이 적힌 책들로 가득합니다. 그런 책들은 이루고자 하는 것을 강렬하게 소망하라고 합니다. 그러면 자신의 소망이 확실해지며, 지속적이고 집중된 생각으로써 원하는 것을 끌어당길 수 있다고 합니다. 그렇게 흔들리지 않는 신념과 의지를 가지고 앞으로 나아가다 보면 그 소망이 곧 현실로 나타난다는 것입니다.

맞는 말입니다. 긍정의 에너지는 긍정적 상황을 불러오고 부정의 에너지는 부정적 상황을 불러옵니다. 그런데 현실에서 일어나는 수많은 힘겨운 상황들은 책에서 이야기하듯이 그리 쉽게 해결이 되지 않습니다. 왜 그럴까요? 여기에 비밀이 있습니다.

빛이 강할수록 그림자가 더 어둡게 드리우듯이, 소망이 너무 강렬하면 그만큼 의심도 커지기 마련입니다. 이것은 변화의 흐름에 '작은 나'가 저항하기 때문입니다.

그러면 어떻게 해야 할까요? 신념이나 의지를 쓰지 않고도 자연스럽게 원하는 바를 이루는 방법이 있습니다. 바로 '흐름에 맡기는 것'입니다.

지금까지 여러 번 강조했듯이 당신의 '의식의 틀'에 얽매인 소망이 아니라 내면 깊숙한 데서 우러나온, 설렘과 울림이 있는 소망을 발견하십시오. 그리고 그 의도를 마음속에서 구체적으로 그리십시오. 마음속에 그림을 그릴 때도 자연스럽게 해야지 억지로 힘을 들여서는 안 됩니다. 이 과정이 애씀 없이 저절로 일어나게 하십시오.

그런 다음, 흐름에 맡기십시오. 흐름에 맡긴다는 것은 지금 있는 그대로를 자연스럽게 받아들인다는 뜻입니다.

당신은 무엇에 의해 구속되고 있습니까?

당신은 무엇에 집착하고 있습니까?

그것을 놓아버리십시오.

내맡김의 즐거움, 하늘의 조율을 기다리는 여유, 인위적이지 않은 마음, 언제라도 떠날 수 있는 가벼움, 모든 것을 내려놓을 수 있는 용기…. 역설적이지만 소망은 이런 상태에서 뜻하지 않은 방식으로 이루어집니다. 그러니 지금 해야 할 일에만 최선을 다하면서 나머지는 흐름에 맡기고 나아가십시오.

사람들은 자신만의 기준을 정해 더 나은 모습이 되기를 바라고 타인과 비교하면서 자신의 행위에 집중합니다. 일이나 어떤 구체적인 행위를 통해서만 만족감을 얻고 살아 있음을 느낍니다.

당신은 지금 여기에 살아 있습니다. 그것이 진실입니다. 그런데 원하는 것을 얻고 바라는 모습이 되어야만 자기 존재를 느낄 수 있다고 생각합니다. 현실이 기준에 미치지 못하면 불안하고 초조해하며 예민해집니다. '의식의 틀' 속에서 대상을 분석하고 분별하며 판단합니다. 자신의 신념과 기준을 지키려 안간힘을 씁니다.

변화의 흐름에 내가 인위적으로 관여하려 하면 무의식의 저항을 받게 됩니다. 그러면 내가 그린 그림과는 반대의 상황이 현실에서 펼쳐지기 쉽습니다. 원하는 것을 현실에서 이루기 위해서는 선명한 의도를 세운 뒤, 힘을 빼고 하늘에 맡겨버리십시오. 결과는 하늘이 알아서 할 것입니다.

어린 시절부터 저와 꾸준히 명상을 해온 한 청년이 있습니다.

태어나면서부터 시각 장애를 가지고 있던 그는 중학교
를 졸업하고 홀로 서울에 와서 작년에 대학을 졸업하고 중등학교 임용고시를 보았습니다. 첫 번째 시험에서 합격을 예상했는데 아슬아슬한 점수 차이로 떨어졌다고 합니다.

저는 그와 그의 어머니에게 위로 아닌 위로를 전했습니다.

"시시각각 변화하는 삶에서 지금의 실패가 다음 순간 어떤 기회로 변모할지 아무도 알 수 없습니다. 그러니 이미 일어난 일을 온전히 수용하고 받아들이십시오. 또 앞으로 어떤 선택을 하든 스스로 그것을 존중하십시오. 다만 결과에 대해서는 마음을 비우셔야 합니다."

그는 다시 한번 열심히 임용고시를 준비하여 시험을 쳤지만 떨어지고 말았습니다. 결과가 발표된 날에 그의 어머니로부터 전화가 왔습니다.

"선생님, 여러모로 선생님의 기대에 부응하지 못했습니다. 그러나 또 다른 길이 열리리라 확신합니다."

그 말에서 진심이 느껴졌습니다. 그리고 일주일이 지난 후 청년에게서 전화가 왔습니다. 서울의 모 장애 중등학교에서 기간제 교사로 근무해달라는 제의를 받았다고 합니다. 근무하면서 대학원에 진학하여 장애교사 자격증을 취득하면 정식으로 채용하겠다고도 했답니다.

"일반 중등학교에서 학생들을 지도하는 것도 훌륭한 일이지만, 성장하며 직접 경험한 바를 비슷한 장애를 가진 학생들에게 전하여 꿈을 꿀 수 있도록 돕는 것이야말로 '공도의 이'라고 느껴집니다. 물론 이번에도 선택은 본인의 몫입니다. 내면 깊은 곳으로 들어가서 자기 자신에게 물어보십시오."

그는 자기 내면이 가리키는 대로 그 길을 선택하여 학생들과 좋은 시간을 보냈습니다. 그리고 그 경험을 원동력으로 삼아 다시 도전한 임용고시에 합격하여, 지금은 일반 중등학교 교사가 되어 있습니다.

봄에 뿌린 씨앗은 자연의 흐름에 따라 시기적절하게 싹을 틔우고, 꽃을 피우고, 열매를 맺습니다. 그렇듯 당신의 소망도 자연스럽게, 저절로 이루어질 것입니다. 그저 아침저녁으로 당신의 내면을 향해 '응, 좋아' 하고 가볍게 속삭이기만 하면 됩니다.

열심히 노력한 만큼 돌아오는 것이 자연의 이치입니다. 다만 그것은 가장 적절한 시기에 이루어집니다. 그러니 꿈을 품되 지금 할 수 있는 일을 찾아보고 행하십시오. 그러면 자연스럽게 꿈이 현실이 됩니다.

불경에서는 "네 안에 불성이 있다"고 말합니다. 성경에서는 "하늘나라는 이미 네 안에 와 있다"고 말합니다. 내가 필요로 하는 것은 이미 내 안에서 싹을 틔우려 준비하고 있다는 뜻입니다. 그러니 바깥에서 원하는 것을 찾아 헤매고 다닐 필요가 없습니다.

절이나 교회에 가서 기도를 할 때 하느님 또는 부처님께 무엇을 해달라고 빌지 마십시오. '되는 일이 없습니다', '누구누구 때문에 힘듭니다', '이것을 좀 해주세요', '가진 것이 없는 제가 뭘 하겠습니까?', '힘들어 못 살겠으니 좀 도와주세요' 등의 구걸하는 마음은 당신을 더 궁색하고 가난하게 만듭니다. 어떤 상황에서든 당신이 지금 가지고 있고 누리고 있는 것들에 대해 감사하는 마음으로부터 시작해야 합니다.

인문학계에서 저명한 한 교수님이 저를 찾아와서 명상에 대해 이런저런 이야기를 늘어놓았습니다. 저는 한참을 듣고 있다가 이렇게 말했습니다.

"선생님, 명상은 말로 하는 것이 아닙니다. 지금부터라도 명상을 제대로 한번 해보십시오."

"저는 명상을 하게 된다면 철저하게 할 것입니다. 명상이란 것이 무엇인지 철저하게 규명하고 분석해서 그 실체를 파악해야 비로소 제대로 된 명상이라 할 수 있지 않겠습니까?"

무엇을 '철저하게' 한다는 말일까요? 명상은 생각이나 지식으로 하는 것이 아닙니다. 어떤 행위를 통해서 뭔가를 이루려는 것도 아닙니다. 그저 '진정한 나'를 탐구하는 길일 뿐입니다.

몸의 반응이나 생각, 감정이 일어날 때 그것을 먼저 알아차리고, 그것이 일어나게 된 조건과 원인(속마음)을 직시하는 것이 명상입니다. 그리고 그 생각을 내려놓고 생각이 사라진 공간을 만나는 것이 명상입니다. 생각을 내려놓아야 만날 수 있는 공간이지, 생각을 통해서 만날 수 있는 공간이 아닙니다.

흐름에 맡기는 것이 순리입니다. 당신의 '의식의 틀' 안에서 일어나는 생각들로부터 자유로워지십시오.

'이렇게 되어야 해.'

'이런 일은 내가 바라는 것이 아니야.'

'더 좋았더라면….'

'더 잘했더라면….'

'더 열심히 했더라면….'

'다른 선택을 했었더라면….'

이러한 '작은 나'의 끊임없는 속삭임에서 벗어나십시오.

우리는 이원성의 세계에서 살고 있습니다. 그러니 그 어떤 것을 선택하고 이뤄내더라도 그것은 진정한 나의 것이 될 수 없습니다. 나의 것이 아니므로 죽을 때 가져갈 수도 없습니다. 그러니 당신의 '의식의 틀'이 만들어낸 것들을 바라지 말고, 내면 깊숙이에서 저절로 솟아난 욕망의 이로움을 따르십시오.

어둠이 있어 빛이 드러나듯이, 이것이 있어 저것이 나

타나게 됩니다. 어둠과 빛은 동시에 존재합니다. 어느 것을 좋다 나쁘다 할 수 없습니다. 그저 그렇게 있을 뿐입니다.

우리의 세상도 애써 뭔가를 이뤄내고자 한다면 그 반대의 것이 함께 나타나도록 되어 있습니다. 내가 원하는 것만 나타나기를 바라는 마음은 세상의 반쪽만 인정하겠다는 뜻입니다. 그러면 나의 삶도 반쪽짜리 삶이 되어버립니다.

의식의 틀을 벗어나면 있는 그대로의 세상을 바라보게 됩니다. 현실을 인정하게 되고, 적절한 때에 적절한 일을 하게 됩니다.

식품을 만들어 납품하는 회사의 여성 대표가 몇 년 전 급하게 저를 찾아왔습니다. 전부터 저와 함께 명상을 해오면서 건강도 개선하고 경영상의 위기도 잘 극복해왔던 분입니다.

그녀는 회사의 지속적인 성장을 위해서는 해썹(HACCP)이라는 위생관리체계 인증을 받아야 하는데, 현재의 경영 상태로는 재원을 마련하기가 어렵다고 했습니다. 무리하게 빚을 내는 수밖에 없는데 과연 감당할 수 있을지 확신이 서지 않는다고 했습니다. 고민이 커서 그런지 그녀의 몸과 마음이 너무나 지쳐 보였습니다.

"사장님은 지금 제게 조언을 구하려고 하는데, 제가 사업 확장을 그만두라 한다고 그렇게 하실 수 있겠습니까?

당장 결정해야 하는 일은 아니니, 명상을 통해 자신의 내면과 감응하여 몸과 마음이 본래의 고요함과 평화로움을 찾도록 하는 것이 먼저일 듯합니다. 사업체를 어떻게 할 것인지는 그 후에 생각해보시면 어떨까요?"

그렇게 이야기를 나누고 우리는 매주 한 번씩 만나 명상을 함께 했습니다. 그녀는 자신의 내면을 관찰하기 시작했습니다. 자신이 무엇을 기대하고 있는지, 어떤 신념으로 사업을 해왔는지를 스스로 알아차리게 되었습니다. 나아가야 할 방향도 찾았습니다. 무엇을 우선시해야 할지가 분명해졌습니다.

그녀는 점점 밝아졌고, 그와 함께 평화와 고요를 되찾았습니다. 외부의 상황과는 무관하게 자기 존재에 대해 감사하는 마음이 생겼습니다. 그리고 사업 확장을 포기하겠다는 결정을 스스로 내렸습니다. 아쉬움에 눈물을 비치긴 했지만, 그녀의 표정에 흔들림이나 후회는 없었습니다.

"저의 능력이 여기까지인 것 같습니다. 그동안 저는 저 위주로만 살려고 아등바등했지 주변을 돌아볼 마음은 내지 못했어요. 말로는 이 일 자체가 좋아서 한다고 했지만 속으로는 돈만 보고 달려온 게 아닌가 하는 생각도 들고요. '조금만 더 잘 되면….' '내년에는 어떻게든….' 이런 생각만 반복하면서 지금까지 온 것 같아요."

"네. 먼저 그렇게 말씀하시니 이제 저도 한마디 드릴 수 있겠습니다. 사장님의 사업이 지금의 상황에 놓인 것은 어찌 보면 자연스러운 흐름입니다. 확장하는 시기가 있으면 서리가 내리는 시기도 있습니다. 그러니 회사를 크게 키우겠다는 무거운 짐을 내려놓으십시오. 그러면 반드시 새로운 문이 열릴 것입니다. 근심과 걱정은 하늘에 맡기고, 지금 하는 일에만 최선을 다하고 몰입하십시오."

한 달 후 그녀에게서 기쁜 소식이 들려왔습니다. 대기업이 거래처가 되어달라면서 대량의 물건을 주문했다고 합니다. 그녀는 '작은 나'가 세웠던 무거운 기준을 내려놓고 새로운 흐름을 즐겁게 따라가보겠다고 다짐했습니다. 그리고 지금까지 회사를 잘 운영해오고 있습니다. 비록 회사의 규모가 크진 않지만, 자기가 만든 식품이 많은 사람들을 이롭게 한다는 마음으로 보람과 행복을 느끼고 있습니다.

근원으로 돌아가기

매일 밤 잠들기 전에 해볼 수 있는 아주 유익한 명상입니다.

편안히 눕고, 양손을 가볍게 배꼽 위에 올려둡니다.

입술은 살짝 벌리고 혀는 입천장에 댑니다.

몸이 편안해야 긴장된 신경이 이완됩니다.

신경이 이완되어야 생각, 감정, 욕구 등이 고요해집니다.

의식의 작용이 멈추면 생명의 에너지는 잘 흐를 수밖에 없습니다.

누워 있는 내 몸을 하나의 대상으로 지켜보십시오.

숨이 들어올 때, 들어오는 숨을 지켜보십시오.

숨이 나갈 때, 나가는 숨을 지켜보십시오.

하나하나의 세포가 열리는 것을 느껴보십시오.

하나의 세포가 열릴 때, 모든 세포가 그와 함께 깨어납니다.

내 몸이 하나의 '의식의 망'이라는 것을 알게 됩니다.

내 안팎의 경계가 안개처럼 옅어지고 물보라처럼 희미해집니다.

그 상태에서 이렇게 되뇌십시오.

"나는 본래 근원으로 돌아갑니다."

오늘 하루 일어난 모든 일은 내가 필요에 의해서 만들고 경험한 것입니다. 분별하지 말고 있는 그대로 받아들이십시오.

"응, 그래, 좋습니다."

그리고 서서히 현재의식이 사라지는 것을 경험해보십시오.

처음에는 영사기가 비추는 장면들처럼 현재의식이 깜빡이는 듯 느껴질 수 있습니다. 켜졌다가 꺼졌다가, 켜졌다가 꺼졌다가…. 그러다가 한순간에 탁 꺼져버립니다. 그때 당신은 죽음(잠)의 세계, 삶의 텅 빈 배경을 어렴풋이 알아차리게 됩니다.

현재의식이 사라지는 그 마지막 경계를 지켜보면서 깊은 침묵의 잠 속으로 들어가십시오. 잠과 꿈 속에서도 텅 빈 본연의 의식은 모든 것을 지켜보고 있습니다. '본연의 나'는 몸, 생각, 감정을 초월해서 언제나 살아 있습니다.

당신은 꿈을 꿀 때에도 그곳의 모든 존재를 이롭게 하겠다는 '공도의 이'를 세우고 행할 수 있습니다. 이렇게 깨어 있는 의식을 가지고 꿈을 꾸는 사람의 에너지체와 늘 똑같은 무의식의 작용에 매여 있는 사람의 에너지체는 극명하게 다를 수밖에 없습니다.

이 명상을 날마다 실천하다 보면 잠들기 직전의 마지막 현재의식, 마지막 숨을 알아차리고 바라볼 수 있게 됩니다. 만들어진 현재의식과 만들어지지 않은 본래의식의 경계를 알아차리고 바라볼 수 있게 됩니다. 숙면이 선사해주는 경쾌한 에너지로 새로운 아침을 맞이하게 됩니다.

10
신비한 것을
좇지 마십시오

아주 오래전의 일입니다. 생화학자이자 전문의로서 대
학에서 학생들을 가르치던, 제가 존경하던 선배와 대화 중
이었습니다.

저는 그분께 명상 수련 중에 일어난 영적 체험들을 아
주 자랑스럽게 말했습니다.

"오랜 수행 끝에 소주천小周天이 열리고, 대주천大周天도
열리면서 단전에 모인 기운이 온몸을 돌게 되었습니다. 2
분 이상의 긴 호흡으로 뱃속의 화기火氣가 온몸을 뜨겁게
감싸고, 내장의 기운이 빙글빙글 돌더군요. 양기와 음기가
조화롭게 꽉 차면서 연단鍊丹이 된 것이지요. 어느 때는 제
오장육부와 뼈가 투시력으로 보이기도 합니다."

저를 유심히 바라보던 선배의 표정이 어두워졌습니다.

"정신분열 증상인데…. 명상하는 사람이 왜 현상에 집착해서 정신을 혼란스럽게 하지?"

저는 할 말을 잃었습니다. 온갖 생각이 머리를 스치고 지나갔습니다. 무안함과 허탈감, 분노 등 여러 감정이 올라왔습니다.

'오랫동안 피나는 수련을 통해 이런 경지에 올랐는데 고작 현상에 집착하여 정신이 혼란해진 환자로 취급하다니!'

선배는 조심스럽게, 진지하면서도 무척 염려되는 눈빛으로 제게 질문을 던졌습니다.

"내가 알기로 명상은 가슴을 열고 나를 찾아가는 것이 아닌가? 그렇다면 그 현상으로 인해 자네 현실의 삶이 얼마나, 어떻게 달라졌는가?"

그 순간, 제 안에 들끓던 감정의 에너지가 '획' 하고 들어온 한 생각에 멈춰버렸습니다.

'나는 무엇을 하고 있었는가?'

'그 수많은 수련으로 대체 무엇을 체험하고자 했던가?'

'수련을 통해서 내 삶은 진정 무엇이 바뀌었던가?'

내가 어떤 방향을 향하고 있었는지를 자각하게 된 순간이었습니다. 오랜 침묵이 흘렀습니다. 시간의 흐름이 멈춘 것 같았습니다.

그 멈춤 속에서, 깊은 어딘가에서 '아!' 하는 소리가 나왔습니다. 신비현상이 사실이건 환상이건 중요한 일이 아니었습니다. 이 현상들에 대한 제 밑 마음을 바라보는 것이 무엇보다 중요했습니다.

저는 '무언가'가 되고자 하는 욕심에 빠져 헤매고 있었습니다. 나 자신을 알고 싶다는 초심이 어느 사이엔가 변질되어 수행 중 일어나는 신비현상에 빠지고 취했던 것입니다. 여전히 저는 생명의 에너지를 일깨워 초월적인 힘을 얻고자 하는, 우월감과 교만함에 젖어 있는 '작은 나'일 뿐이었습니다.

부끄러웠습니다. 그러나 숨 막힐 정도로 답답했던 가슴이 시원해지고, 벌겋게 달아오른 얼굴은 미소로 평안해졌습니다. 저를 일깨워준 선배에 대한 감사와 잔잔한 기쁨이 가슴 깊은 곳에서 피어올랐습니다.

그런 저의 변화를 보고, 잠시 얼어붙었던 선배의 얼굴도 편안해졌습니다. 팽팽했던 긴장의 에너지가 일순간 풀어지면서 우리는 다시 다정히 담소를 나누기 시작했습니다.

영적 수행의 목적은 본래 내가 누구인지를 아는 것입니다. 이런 뜻을 품었다면 자기탐구의 행위가 초심을 잃지 않고 잘 가고 있는지를 늘 점검해야 합니다. 이 물음표(나는 누구인가 / 나는 무엇인가)를 손에 꼭 쥐고 있어야 합니다. 이 물음표는 밤하늘의 북극성과 같아서, 우리에게 어디로 가야 할지를 알려줍니다.

하지만 방향을 아는 것만으로는 충분치 않습니다. '참된 나'라는 목적지에 도달하려면 힘이 필요합니다. 이 여정은 아름다운 만큼 낯설기도 하기에, 방황하는 마음을 잠재울 에너지가 필요합니다. 집중의 힘이 필요하고, 이완의 힘도 필요합니다. 역설적이지만 온전히 집중하려면 이완이 선행되어야 합니다. 이완된 상태라야 에너지가 원하는 방향으로 잘 흘러갑니다.

각성명상의 기본은 호흡을 통해 이완하는 것입니다. 호흡으로 온몸의 긴장을 풀면 흩어졌던 기운이 각 에너지 센터에 모이고 정렬됩니다. 중요한 에너지 센터 세 곳(상초, 중초, 하초)이 연결되고 에너지 통로가 열립니다. 집중 속의 이완, 이완 속의 집중이라는 절묘한 균형 속에서 생명의 에너지가 증폭됩니다.

이때 우리의 마음은 잡념 상태에서 일념 상태가 됩니다. 더 깊은 이완은 일념조차 사라지게 하여 우리를 무념 상태에 이르게 합니다. 끊임없이 순환하는 생명의 에너지가 우리를 무한한 고요와 침묵 속으로 침잠시킵니다. 거기서 우리는 우리의 본질인 일점정신, 곧 빛과 사랑으로서 현현합니다. 광대무변하면서도 본래 그 자리에 있었던 텅 빈 충만, 일점의 현존으로 머물게 됩니다.

이처럼 우리의 몸과 마음과 정신이 분화와 합일을 오가는 과정은 마치 우주가 수축과 팽창을 오가는 과정과도 같

아서 각 단계마다 환상적인 향연이 일어납니다. 즉 수행의
관문을 통과할 때마다 생명의 에너지가 온몸을 순환하고
의식이 천체의 별들처럼 정렬되어 빛남으로써, 우리로 하
여금 여러 가지 아름답고 찬란한 현상을 경험하게 합니다.
더불어 영적인 능력까지 생기기도 합니다.

사실 그 능력들은 없던 것이 생긴 것이 아닙니다. 본래
우리에게 내재된 힘들입니다. 다만 오감과 분별심, 물질적
세계관, 생존욕 등의 한정된 의식에 묶여 잠자고 있었을
뿐입니다.

오감이 열리고 분별심이 사라지면 억눌려 있던 그 초월
적인 힘들이 자연스럽게 솟구치게 됩니다. 견고했던 몸과
딱딱했던 마음이 꺼풀을 벗을 때마다 환희심과 지복감도
샘솟습니다. 이 영적인 쾌락을 어찌 물질세계의 감각적 쾌
락과 비교할 수 있겠습니까?

문제는 그리하여, 자칫 잘못하면 '좌선쟁이'가 되어버린
다는 사실입니다. '좌선쟁이'란 자기 내면의 즐거움에 빠
져서 현실을 망각하고 종일 명상방석에 앉아 있는 사람들
을 가리키는 말입니다.

당신도 수행자들 중에서 "무엇을 보았다, 특수한 경험
을 하였다. 그리하여 어떤 능력이 생겼다"고 말하는 사람
들을 본 적이 있을 것입니다. 대개는 허황된 말들이지만,
설령 그게 사실이라고 해도 신비현상과 초월적 능력은 어

디까지나 무지개에 불과하다는 점을 명심해야 합니다. 무지개는 아름답지만 쫓으면 쫓을수록 멀어집니다. 붙잡으려 하는 순간 사라집니다. 실상이 아니기 때문입니다.

이 아름다움에 취하고 탐닉하다 보면 오직 그 상태를 다시 경험하기 위해 명상을 하는 경우가 생기게 됩니다. 미묘하지만 잘못된 방향입니다. 이 모습이 쾌감에 중독된 사람과 다를 바가 무엇이겠습니까? 중독은 집착과 고통을 줍니다. 고통을 소멸하는 길에 올랐다가 그 황홀경이 주는 감각적 갈망에 불타서 고통을 겪는 모순을 겪게 됩니다. 주변 사람들을 힘들게 하고, 현실을 등한시하게 됩니다.

그러므로 우리는 이 여정에서 늘 자각의 끈을 놓지 말아야 합니다. 제가 선배 덕분에 집착을 벗어났듯이, 바른 길로 인도해줄 스승과 동료의 역할이 그래서 중요합니다.

대략적으로 말해보자면 자기인식의 지혜를 닦는 공부와 에너지를 운용하는 수행을 병행하면서도 신비현상에 빠지지 않는 것, 이것만이 최종 목적지에 무사히 도달하게 해주는 지름길입니다.

그렇다면 명상의 궁극적 목적지는 어디일까요?

집중의 마음은 아닙니다. 알아차림도 아닙니다. 선정禪定이라는 고요한 마음자리도 아닙니다. 이것들은 고통이 소멸하고 자유로워진 상태이지만 궁극의 자리는 아닙니다. 궁극의 목적지는 본래의 밝음, 곧 빛과 사랑 그 자체인 '본연의 나'(일점정신)입니다. 일점정신의 나를 회복함으로써, 무한한 생명력의 본체인 그 일점에서 분화한 다른 모든 존재를 이롭게 하는 것입니다.

한 중년 남성이 저를 찾아왔습니다.

10여 년 전부터 하나님의 음성이 들렸고, 자신이 기도를 하면 꼭 응답해주신다고 합니다. 죽일 것 같이 싫던 사람도 불쌍하게 보이고 그저 모든 것이 감사하게 느껴졌다고도 합니다. 사람을 만날 때 상대방의 오장육부가 보이기도 하고, 아픈 사람을 보면 그 사람이 왜 아픈지도 알 수 있다고 합니다. 그리고 그 집안의 불길한 기운까지 전해진다고 합니다. 성경을 보면 한눈에 그 뜻이 파악되며, 자신이 예수 속으로 들어가 예수의 눈이 되고 귀가 되어 세상을 바라보기도 한답니다.

목사님이 마귀가 시험하는 것인지도 모르니까 다 내려놓고 더 열심히 신앙생활을 하라고 하셔서 열심히 공부를 하고 있으며, 앞으로 생업을 정리하고 하나님의 부름을 받은 치유사가 될까 고민 중이라고 합니다. 하지만 자신이 왜 이런 경험을 하고 있는지가 궁금해서 지인의 소개로 저를 찾아왔다고 합니다.

저는 그에게 이렇게 말했습니다.

"그 불가사의한 현상들이 당신의 마음으로부터 투사된

것은 아닌지를 살펴보십시오. 그러기 위해서는 먼저 생각과 감정이 멈춘 침묵의 공간에 들어가야 합니다. 거기에서 자신의 숨은 마음을 보아야 합니다.

'이 현상들은 무엇일까? 이 현상들은 진실일까? 이 현상들을 경험하는 나는 누구인가?' 이러한 질문을 자신에게 묻는다면 당신은 스스로 답을 찾게 될 것입니다.

당신에게 일어난 현상들은 이로운 것입니까? 당신 자신이 그것에 만족합니까? 그것이 당신의 몸과 마음에 실질적인 도움이 되었습니까? 가까운 가족, 주위 사람들에게 도움이 되고 기쁨을 주었습니까? 행여 주변 사람들이 불편하게 느끼지는 않습니까?

이 현상들이 진심으로 만족스럽고 당신의 주변 사람들을 이롭게 한다면 그대로 살아가시면 됩니다. 그러나 당신 자신과 주변 사람들을 불편하게 한다면 그것은 당신의 집착이 만들어낸, 혹은 과거부터 누적된 고통이 발생시킨, 혹은 미래에 대한 강렬한 바람이 투사된 허상일 뿐입니다.

무엇이 실상인지 허상인지 모르면 몸과 마음이 피폐해지기 쉽습니다. 그러니 항상 궁극적인 질문을 쥐고서 그 현상들이 이로운 것인지를 살펴보십시오. 그렇지 않으면 나 자신이 중심이 되는 삶은 사라지고 외부의 에너지에 끌려가는 삶을 살아가게 될 것입니다."

제 말에 그는 상당히 실망한 표정을 지었습니다. 자신

의 경험이 참으로 귀하고 높은 경지의 신비로운 것으로 인정받기를 기대했던 듯했습니다.

하지만 저는 덧붙여 당부했습니다.

"자각과 각성이 없으면 뇌는 오감을 이용해서 마음이 바라고 원하는 가상의 환영들을 만들어냅니다. 환영들을 사실인 것처럼 착각하고 오인하게 됩니다. 냉철히 당신 자신을 돌아보십시오. 현상이 실상인지 허상인지, 당신 스스로 내면으로 들어가서 물어보십시오. 당신은 이미 답을 알고 있습니다."

그는 말없이 돌아갔습니다. 그리고 나중에 다시 찾아와 저와 함께 명상을 해보기로 했습니다. 자기 내면을 있는 그대로 들여다보는 길을 선택한 것입니다.

무속의 경우도 마찬가지입니다. 실제로 이런저런 신들에게 빌어서 문제가 해결되는 경우가 꽤 있습니다. 기도하는 자의 간절한 마음과 신력神力이 서로 통해서, 말뜻 그대로 '신통神通하게' 해결이 되곤 합니다.

하지만 그런 신기神奇를 경험한 사람들은 다른 문제가 생길 때 또 그 힘을 찾게 됩니다. 외부의 신이나 사념적인 대상에게 의존하는 것이, 즉 자기의 일을 다른 누군가에게 맡기는 것이 편하고 쉽기 때문입니다. 편하고 쉬운 것을 추구하는 것은 인간의 본능 중 하나라서 그 달콤한 맛을 본 사람들은 유혹을 떨치기가 쉽지 않습니다.

그러나 이런 식의 문제 해결은 치러야 할 대가가 큽니다. 자신이 주인이 되는 삶은 어느덧 사라지고, 신의 노예가 되어 빌고 구하며 혹시라도 노할까 싶어 안절부절못하는 처지가 되어버리기 때문입니다. 또한 자신이 믿고 믿었던 무당의 신통력이 떨어지면, 답답한 마음을 풀어줄 다른 용한 곳을 찾아 계속 기웃거리게 됩니다. 이런 과정이 반복되는 동안 굿판은 걷잡을 수 없이 커지고, 물리쳐야 할 원혼과 악귀들의 수도 늘어만 갑니다.

그러다가 결국은 이런 말까지 듣고서 평생 그 무게에 짓눌리며 살아가는 사람들도 적지 않습니다.

"이제 보니 당신에게 끊임없이 우환이 생긴 것은 극진히 신을 모셔야 할 나와 같은 팔자인데 그러지 않았기 때문이다. 이제라도 신께서 주시는 신호를 알았으니 다행이다. 이 고통은 당신이 신의 자식이 되어야만 풀어진다!"

물론 무속인 중에도 자신의 업을 당당히 끌어안은 채 최선을 다해 의뢰인의 고통을 함께 품어주고 빌어주는 분들도 많습니다. 그렇지만 직접 신내림을 받고 영험한 신을 모셔 자신을 의탁하는 가장 강력한 방법을 동원한다고 해도 진정 삶의 고통에서 벗어날 수 있을까요? 실제로 제가 많은 무속인들을 직접 만나본 바로는, 그들이 들려준 얘기로는 전혀 그렇지 않습니다.

보이지 않는 존재가 우리의 삶에 들어와 주인행세를 하는 것은 슬프고 두려운 일입니다. 그럼에도 사람들이 그 길을 가게 되는 이유는 원인 모를 고통이 주는 막연한 두려움과 불안감 때문입니다. 하지만 두려움은 그 실체를 알고 나면 사라지기 마련입니다. 두려움을 피하지 않고 직면하여 실체를 보면, 그것이 만들어낸 허상은 사라질 수밖에 없습니다.

악령, 신령, 사탄, 천사 등은 인간의 마음이 만들어낸 것에 불과합니다. 우리의 마음이 지어낸 상념체, 신념체에 불과합니다. 인간이 생각으로써, 신념으로써 만든 에너지체라고도 말할 수 있습니다.

악령이 무엇입니까? 불안하고 무섭고 두려움을 느낄 때, 그런 기운을 조상 누군가가 '악령'이라고 표현했습니다. 그것이 오랫동안 전해져서 당신도 어린 시절 설화나 민담 등을 들으면서 그 이미지를 마음에 담아두게 되었습니다.

당신은 음침함과 어두운 기분이 엄습할 때 그것을 '귀신'이나 '마귀'라고 이름 붙이면서 어디선가 보았던 이미지를 떠올리고, 그 이미지에 상상력을 덧붙입니다. 귀신, 원혼, 악귀 등은 본래 실체가 없지만, 우리가 만들어낸 이 상념체들은 실제로 우리에게 영향을 미칩니다. 우리의 생각 자체가 에너지이기 때문입니다.

하지만 그 순간 '이것은 영화일 뿐이다. 실상이 아닌 꾸

며진 이야기다' 하고 명료하게 알아차리면, 아무리 공포스러워 보이는 상황 속에서도 유유히 빠져나올 수 있습니다. 명상을 통해 주시자로서 존재하는 법을 익혀두면 더 이상 두려움이라는 덫에 걸리지 않게 됩니다.

성경에 실린 천지창조 이야기에서 전능한 신은 이 세상을 어떤 곳으로 만드셨습니까? 태초에 보시니 좋았던 곳 아닙니까? 본래 너와 나도 없고, 신계와 인간계도 따로 구분할 것 없는 일원성의 세계 아닙니까? 그와 같이 우리의 본질은 "창조주가 보시니 좋았다"고 할 만큼 아름다운 것입니다.

본래 모든 것이 하나입니다. 그 일점의 씨알에서 분화된 것이 '너'이고 '나'입니다. 우리는 일점의 상태로 돌아갈 때 본래의 모습을 되찾게 됩니다. 그때 우리는 빛과 사랑이 되고, 텅 빈 의식이 됩니다. 그런 마음으로 만물을 대할 때 귀신도, 악령도, 만신도, 천사도 제자리를 찾아 태초의 아름다움으로 빛나고 평온해집니다.

우리가 이 땅에 온 이유는 자신을 완성하고 타인을 이롭게 하여 온 세상을 자신의 본질인 빛과 사랑, 지혜로 채워 우주를 확장시키기 위함입니다. 그러니 무녀도, 신녀도, 악귀도, 천사도 모두 내 본연의 빛과 사랑 안에서 포용하고 녹여내십시오. 온 생명이 대자유, 창조성, 일점정신으로 온전히 서는 그날까지 빛을 비추고 사랑하십시오.

의식이 바뀌면 모든 것이 달라집니다

기다림과 기대를 착각하는 경우가 종종 있습니다. 기다림은 과거나 미래와는 상관없는 것입니다. 과거는 이미 흘러갔고, 미래는 아직 오지 않았습니다. 아니, 미래는 아직 '없다'고 표현하는 것이 더 옳을 듯합니다.

진정한 기다림은 최선을 다해 오로지 현재에 존재하는 것입니다. 현재를 느끼고, 현재를 사는 것이 기다림입니다. 의도를 세웠으면 기다리십시오. 그것이 언제쯤 이루어질 것인가는 나의 영역이 아닙니다. 인간의 시간 개념과 대자연의 시간 개념은 다릅니다.

기대는 복권을 사는 마음과 같다고 할 수 있습니다. 기대에는 욕심이 내재되어 있지만, 기다림은 여유롭습니다. 기다리는 중에 이미 기쁨을 얻고 감사한 마음이 일어나는 것, 그것이 진정한 기다림입니다.

어떤 이가 제게 물었습니다.

"살면서 언제가 제일 즐거우셨어요?"

"지금 이 순간입니다. 미래는 오지 않은 것, 과거는 지나간 것입니다. 우리가 가능하면 꺼내지 말아야 할 것이 이미 지나가버린 것입니다. 일부러 과거를 꺼내지 마세요. 지나간 일을 꺼내놓는 순간, 우리는 현재에 머물 수 없습니다. 과거를 꺼내지 않을 때 나에게 평화가 옵니다."

"그런데 지금이 즐겁기만 한 것은 아니지 않습니까? 지금이 안 좋은 사람도 있을 것이고, 슬픈 사람도 있을 것이고, 괴로운 사람도 있을 것 아닙니까?"

"맞습니다. 그러나 지금 이 순간의 '일' 자체가 슬프고 괴로운 것은 아닙니다. 대부분은 그 '일'에 대한 생각과 해석이 당신을 혼란스럽고 괴롭게 합니다."

이런 이유로 저는 사람들에게 "응, 그래, 좋아. 온 생명에 감사합니다"를 되뇌라고 자주 권합니다. 그러면 사람들은 다시 묻습니다.

"무엇을 향해 그렇게 말하는 겁니까?"

"현실에서 일어난 일과, 그 일을 경험하는 나 자신입니다."

그러면 그들은 끄덕이면서도, 어떻게 그렇게 말할 수 있는지를 재차 묻습니다.

"예. 선생님 말씀대로 기분이 좋고 원하는 일대로 술술

풀릴 때면 그렇게 되더라고요. 그러나 저는 지금 아프고, 돈도 없고, 일어나는 일들이 엉망진창입니다. 이런 상황에서 어떻게 그런 소리가 나올 수 있을까요? 억지로 할 수는 있겠지만, 마음이 전혀 동하지가 않는데요…. 그렇게 말한들 무슨 의미가 있겠습니까?"

저는 이렇게 답변합니다.

"맞습니다. 그래서, 평소에 삶이 잘 흘러갈 때 더더욱 그런 의식을 갖고 수행해야 합니다.

힘들고 어려울 때는 당연히 있는 그대로를 수용하기 어려운 법입니다. 유사시를 대비해서 저축을 하듯, 평소에 자신의 삶과 그 안에서 벌어지는 모든 일들에 대해 '응, 그래, 좋아. 감사합니다'라고 자주 말해두어야 꼭 필요한 상황에서도 그런 밝은 의식이 나오는 것입니다.

어려운 상황에서도 진심으로 위의 말을 수행으로 삼겠다고 마음을 먹으십시오. 이 말을 노트에 쓰거나, 주문처럼 되뇌다 보면 의식이 어느새 밝은 쪽으로 향해 있을 것입니다. 의식이 밝아지면 현실도 그런 방향으로 전환되기 마련입니다. 외부세계는 내면세계의 투사이기 때문입니다. 그러니 지금의 상황을 벗어나고 싶다면 '응, 그래, 좋다. 일어난 일은 이미 일어났다. 그러니 새롭게 나가보자'라는 마음을 힘차게 품고 움직이십시오. 그렇게 새로운 마음으로 용기를 낸 나 자신에게 감사를 표현하십시오. 더

붙어 모든 생명에게도 '감사합니다'라고 끝맺는다면, 정말 감사할 일이 반드시 생길 것입니다."

본래 나는 온전한 존재이고, 이 세상에서 일어난 일 또한 온전합니다. 사실 좋고 나쁜 일이란 없습니다. 우주의 법칙과 순리에 따라 그저 일어날 일이 일어난 것뿐입니다. 그러니 어떤 상황에서도 '응, 그래, 좋아. 감사합니다'라는 의식으로 살아가야 합니다. 지혜롭고 깨달은 자는 바로 이런 태도로 살아가는 이들을 가리킵니다. 그들은 삶이 힘들고 내 뜻대로 안 되는 상황에서조차 세상은 온전하고 완전함을 알기 때문에 수용과 감사의 열린 마음으로 살아갈 수 있는 것입니다.

우리가 사는 세상은 이원성으로 이루어져 있습니다. 낮과 밤, 밝음과 어둠, 빛과 그림자, 남자와 여자 등 서로 속성이 다른 것들끼리 짝을 맺어 온전함과 완전함을 드러냅니다.

서로 다르다고 해서 좋고 나쁨이 아닌 것처럼, 어둠이 꼭 나쁘고 밝음만이 좋은 것은 아닙니다. 어둠이 있기에 밝음이 있고, 이 둘이 상호보완하여 완전한 하루를 만듭니다.

그믐달이 있기에 보름달이 있습니다. 덜 차오른 '못난 나'가 있어서 꽉 찬 '잘난 나'도 있게 됩니다. 나의 특정한 일부만을 긍정하거나 부정하지 마십시오. 한 생명으로, 본질로서 내 존재는 언제나 완전합니다. 과거의 내 모습이 어떠했든, 지금의 내 모습이 어떻든 '응, 그래, 좋아. 감사합니다' 하고 흔쾌히 받아들이십시오.

또한 내 내면에 있는 의도와 느낌, 감정, 생각 등의 씨앗들은 말과 행위로써 꽃피어 외부세계에 나타납니다. 지금 현실에 나타난 일들은 내가 만든 것입니다. 무지로 인해 잠시 시행착오를 겪고 있을 뿐, 어김없이 내가 만든 원인으로부터 결과가 나오는 삶이고 세상이니 온전한 것입니다.

더 나아가서, 지금 자신이 누구 덕분에 살아가고 있는지 알고 느끼면 저절로 마음의 중심이 잡힐 수밖에 없습니다. 수용과 사랑이 마음 깊은 곳에서 저절로 솟아나옵니다.

우리가 입고 있는 이 옷만 보아도, 정말 많은 사람들의 수고를 거쳐서 우리에게로 왔습니다. 그뿐만이 아닙니다. 우리는 물, 공기, 햇볕 등에 의해 생명을 유지하고 있습니다. 우리는 자연의 가장 큰 기생물입니다. 백 퍼센트 자신의 힘만으로 살아가는 사람은 아무도 없습니다. 이 외에 지금 이 순간 감사함을 느낄 이유가 더 있겠습니까? 마주치는 사람들을 소중하게 대하고 존중해주어야 할 이유가 더 필요하겠습니까?

제가 학생 시절 유술 수련에서 맨 처음 '검은 띠'를 받기 직전에 사부님이 물었습니다.

"상대가 너에게 힘으로 공격해 들어올 때 어떻게 대처

하겠는가?"

사부님의 질문에 바로 대답하지 못하고 머뭇거리면 실격입니다. 저는 이렇게 대답했습니다.

"밀면 당기고, 당기면 밀겠습니다."

사부님은 말했습니다.

"우리 세상의 일도 이와 같다."

외부에서 에너지가 밀고 들어올 때 그 힘에 저항하거나 맞받아 대응하지 마십시오. 밀고 들어오는 그 힘을 수용하며 같은 방향으로 흘려보내면, 그것은 스스로 사라집니다.

물론 우리의 삶은 말처럼 쉽지 않습니다. 내가 현실을 수용했음에도 불구하고 항상 내가 원하는 대로 현실이 펼쳐지지는 않습니다. 그러나 우리는 우리 자신이 이러한 불완전한 현실을 사는 존재라는 사실까지도 수용해야 합니다.

진정한 수용은 '나'를 제대로 알 때 이루어집니다.

과거에 실패를 경험한 나.

다른 이들에게 인정받으려고 노력하는 나.

더 당당해지려는 나.

무엇인가를 하긴 해야 하는데 어디에서 시작해야 할지 망설이고 있는 나.

이런 현재의 자기 모습을 솔직히 인정하십시오. 그 모습도 나이기 때문입니다. 내 생각과 감정이 세상에 투사되어 나타난, 내가 지은 모습이기 때문입니다. 그렇게 인정하고 받아들일 때 본래의 나의 모습으로 나아갈 수 있습니다. 그러니 자신의 부끄럽고, 미진하고, 못난 모습에 대해 비난하거나 자책하지 마십시오. 에너지를 맞받아치거나 대응하는 태도이기 때문입니다. 나를 거부하면 에너지가 깎여버립니다.

당신 내면에서 일어나는 생각과 감정을 있는 그대로 느끼고 받아들이되, 휩쓸리지만 마십시오. 그러면 혼란스러운 생각과 감정의 굴레에 빠지지 않게 됩니다. 의식의 틀에 저장되어 있는 습성과 습관에 먹이를 주지 않게 됩니다.

이것이 바로 밀면 당기고, 당기면 미는 에너지 운용법입니다.

아무리 초라해 보이더라도, 이 삶은 나의 것입니다. 내 삶의 주인이 나라는 사실은 절대 바뀌지 않습니다. 그러므로 원하는 내가 되려면, 바로 내가 바뀌어야 합니다. 그 외의 다른 길은 어디에도 없습니다.

삶은 우리에게 하나의 선택지만을 주지 않습니다. 우리는 언제든 새로운 선택을 할 수 있습니다. 자신의 상황은 결코 그렇지 않다고 느껴진다면, 앞선 장에서 설명한 대로 기존의 신념과 관념을 내려놓는 연습을 하십시오. 그리고 텅 빈 '본연의 나'를 만나십시오. '본연의 나'는 어떤 순간에도 나를 받아들이고 수용할 때 드러납니다. '본연의 나'가 이원성의 세계에서는 몸과 마음의 '작은 나'로 나타납니다. 그 '나'는 고정불변의 무엇이 아니라 조건과 작용에 의해서 끊임없이 변화합니다. 그래서 나는 다양한 상황에 다양한 모습으로 나올 수 있는 것입니다. 나에 대한 본질적 수용으로 의식이 확장되고 성장하면 보이지 않던 것들이 보이기 시작할 것입니다. 애쓰지 않고도 새로운 흐름 위에 올라타게 될 것입니다.

저를 만나러 오신 분들은 제 명상 방에 들어오자마자 책상 우측 벽에 걸려 있는 족자의 "일점정신一點精神"이라는 글에 시선을 빼앗기곤 합니다. 그리고 그 말의 뜻이 무엇인지 궁금해합니다. 어떤 이는 '일점'이 신을 뜻하냐고 묻기도 합니다.

그럴 때마다 저는 이렇게 답합니다.

"일점이란 '본연의 나'로 돌아간 상태입니다. 우주는 고도로 응축된 에너지 덩어리, 즉 일점이 폭발하여(빅뱅) 탄생했다고 하지요. 그래서 만물이 담긴 씨앗을 상징적으로 일점이라고 표현했습니다. 당연히 일점은 모든 만물 안에 있습니다. 우리 안에도 있습니다.

'일점정신'은 이런 우리 존재의 본질을 표현한 것입니다. 정신이란 본래 부피도, 면적도, 색깔도 없습니다. 그러니 만질 수도, 볼 수도 없습니다. 일점도 그렇습니다. 나란 존재는 육체를 입고 있지만 우리는 영원히 나의 본질인 씨앗을 볼 수도, 만질 수도, 잡을 수도 없습니다. 마치 내 눈을 내가 볼 수 없듯이 말입니다.

볼 수 없다고 해서 존재하지 않는다고 할 순 없습니다. 생명의 작용은 끊임없이 일어나고 있기 때문입니다. 일점은 우주와 모든 만물의 씨앗이며, 시작도 끝도 없는 우주의 생명력입니다. 명상이 깊어져 진정한 자신을 만날 때 문득 알게 될 것입니다. 이 일점이 당신의 본질이자 생명의 씨앗이며, 우리가 언젠가는 돌아갈 곳이자 지금 여기에서도 경험할 수 있는 무엇이라는 사실을 말입니다."

처음에는 다들 알쏭달쏭한 표정이지만, 재미있게도 '일점정신'을 화두로 삼아 명상을 해보면 다들 스스로 그 뜻을 발견하기 시작합니다.

"저는 직장인으로서 이런 경험이 '일점정신'이 아닌가 싶습니다. 주변이 아무리 시끄러워도 내 일에 몰입하는 정신, 하지만 외부에 열려 있어서 온전히 상대와 소통하고 그들이 나를 필요로 할 때는 즉각적으로 내 일을 중단하고 도울 수 있는 정신 말입니다. 이렇게 함으로써 업무 효율성과 생산성뿐만 아니라 주변과의 관계도 좋아졌습니다."

"저는 명상 중에 의식이 점점 한 점에 모이면서 명료해지고 고요해지는 상태를 경험합니다. 요즘에는 눈만 감아도 짧은 시간 내에 의식이 한 점으로 모이는 느낌이 듭니다. 그 일점을 호흡으로 깊이 만나면 점점 내면의 세계로 들어가게 되고, 그 끝에 새로운 내^{內} 우주가 펼쳐지는 듯합니다. 그 깊은 고요 속에 새로운 차원의 '나'가 있는데, 한 점으로 모인 초점화된 의식이 그 '나'를 바라봅니다. 내가 나를 알아차리는 이 의식이 '일점정신' 아닌가요?"

"몸이 너무나 아파서 견딜 수가 없던 어느 날, 선생님과의 명상도 힘들어서 겨우 자리에 앉아 있었는데 어느 순간 제 몸이 없어지는 듯하더라고요. 순간 '내 몸이 어디 있지?' 하는 생각이 드는데, 완전히 깨어 있는 의식이 분명히 존재하지만 내가 진짜 어디에 있는지를 도저히 모르겠더군요. 모든 것이 정지되어 시간과 공간마저 멈춰진 것처럼 느껴졌고, 그런 와중에도 의식은 별빛처럼 환히 깨어 있었습니다. 놀랍게도 명상이 끝난 후 제 몸으로 돌아오니 통증이 많이 사라졌더라고요. 그리고 시간도 꽤 많이 흐른 것 같았는데 불과 5분밖에 지나지 않아 무척 놀랐습니다."

이처럼 일점정신은 단순한 추상적 개념이 아닙니다. 본연의 나를 찾도록 도와주는 화두이자, 순간적으로 의식을 전환시키는 도구로도 쓰입니다. 한 예로 조직검사를 위한 수술을 앞두고 갑자기 두려움이 몰려왔는데, 속으로 '일점 정신!' 하고 외치자 맑은 의식으로 자기 몸을 초연하게 바라볼 수 있었다는 분도 있습니다.

일점정신 같은 근원의 이야기는 머리로 이해하려 할수

록 저항이 올라옵니다. 그러니 호기심 가득한 마음으로 새로운 차원에 들어갈 준비를 하되, 너무 거창하게 생각하지는 마십시오. 앞선 명상들을 잘 해오셨다면 충분히 각자의 상황에 맞게 활용할 수 있을 것입니다.

사실, 단순히 내 마음에 어떤 생각이 일어났는지만을 지켜보는 것은 진정한 알아차림이 아닙니다. 내가 일으킨 한 생각이 어떻게 세상에 투사되고, 어떻게 다시 내게 돌아와 반응을 일으키며, 그 반응이 세상으로 또다시 돌아나가 어떤 방식으로 재창조를 하는지 또렷하게 볼 수 있어야 합니다.

진정으로 그 인과의 과정을 지켜보다 보면 거기에서 빠져나올 '한 점'이 보일 것입니다. 내가 원하는 바를 이루게 해줄 조건이 무엇인지도 알아차리게 될 것입니다. 이렇듯 그 무엇도 뚫을 수 있는 레이저 광선처럼 빛나는 의식으로써 자기 자신과 이 세상을 지켜보는 것, 그것을 저는 '일점정신'이라고 부릅니다.

가슴에 중심을 둔 채로 천천히 일점정신을 느껴보십시오. 너와 나, 이곳과 저곳, 과거와 미래가 따로 없는 그 한 점에서 아무런 집착도 걸림도 없는 절대적 평화와 고요, 안정을 경험하십시오.

당신의 내면 깊숙한 곳에서 솟아난 욕망이 현실에서 이루어지며 당신 자신과, 다른 모든 존재들을 이롭게 하는

모습을 고요히 지켜보십시오. 욕망의 이로움으로 우리의
모든 생명체가 성장하고, 그 과정에서 우리의 의식이 본래
한계 없는 자유로 나아가는 모습을! 이 모습이 본래 나의
씨알인 일점으로 돌아가는 일점정신입니다.